Hanns Zorlich

Berlin

30. 2. 2001

Gemälde von Prof. Emil Orlik, 1925

Claire Waldoff

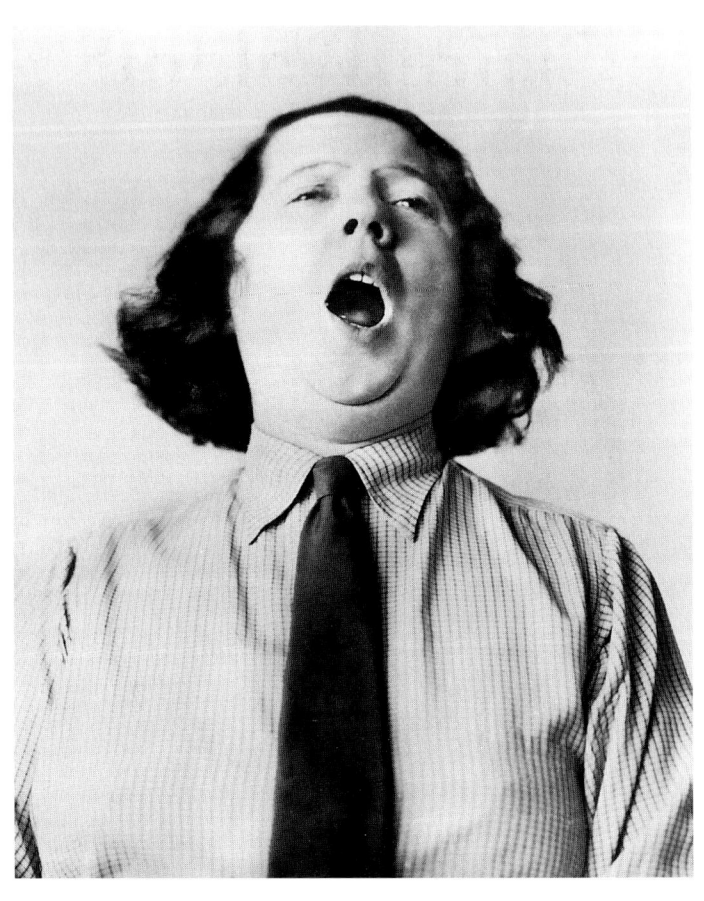

Claire Waldoff

»Weeste noch ...?«

Erinnerungen und Dokumente

herausgegeben von

Volker Kühn

Parthas

Bildnachweis
Titelphoto: Claire Waldoff als »Pyjama-Jule« mit Harry Lamberts-Paulsen
im Singspiel »Hofball bei Zille oder Mein Milljöh«
im Großen Schauspielhaus, Berlin, 1925
© Ullstein Bilderdienst

Archiv Fackelträger Verlag: 78, 90, 93
Archiv Kühn: 27, 32, 54, 72, 89, 105, 106/107, 112
Archiv Markschiess-van Trix: 2, 24, 62, 65, 81, 83, 97, 101, 109, 111
Bildarchiv preußischer Kulturbesitz: 99
Stadtmuseum Berlin: 51, 74, 103
Ullstein Bilderdienst: 59, 69, 94
VG Bild-Kunst, Bonn 1997: 44, 56, 86

Die Deutsche Bibliothek – CIP-Einheitsaufnahme
Waldoff, Claire:
»Weeste noch …?«: Erinnerungen und Dokumente / Claire Waldoff.
[Hrsg. Volker Kühn]. – Berlin: Parthas-Verl., 1997
ISBN 3-932529-11-1

© 1997 by Parthas Verlag GmbH, Berlin
Umschlaggestaltung: Patrizia Di Stefano, Berlin
Satz und Reproduktion: AS Satz & Grafik Scheffler, Berlin
Druck und Binden: Offizin Andersen Nexö, Leipzig
ISBN 3-932529-11-1

Inhalt

Volker Kühn

Die Waldoff, ein starkes Stück bestes Berlin

Man hat sie in Stein gehauen und in Schellack gepreßt, man hat sie Bronze gegossen und aufs Papier gebannt. Kokoschka und Orlik haben sie auf dem Zeichenblock verewigt, Marlene hat sich bei ihr ein paar Töne ausgeborgt, und Tucholsky hat ihr sein »altes Vertiko« vermacht und in ihr die Berolina verehrt. Und das Volk hat sie geliebt.

Ihre Lieder sind unvergessen und inzwischen längst zu Volksliedern geworden: »Wer schmeißt denn da mit Lehm?«, »Warum soll er nich mit ihr«, »Es gibt nur ein Berlin«, »Ach Jott, was sind die Männer dumm«, »Nach meine Beene is ja janz Berlin verrückt«, »Wejen dir hab ick meine jute Stellung bei Tietz aufjejeben«, »Hermann heeßt er …«

Sie gilt als Ur-Berlinerin, als »dolle Bolle« mit Schnauze und Herz, die dem »Pinsel-Heinrich« Zille direkt aus der Feder geflossen zu sein scheint: Claire Waldoff – die Volkssängerin von der Spree, Berolinas komische Ulknudel und kraftvolle Krawallschachtel aus dem »Milljöh«. Dabei stammt die Hinterhof-Göre mit der mächtigen Röhre, die die Wand zum Wackeln bringen und bei ihren Zuhörern Stürme der Begeisterung entfesseln konnte, weder aus dem Wedding noch aus Moabit, sondern aus dem Ruhrpott, da, wo er am kohlrabenschwärzesten ist: Von Gelsenkirchen aus machte sich Clara Wortmann, der rothaarige, resolute Sproß einer Bergmannsfamilie, auf den Weg, um als Claire Waldoff Schauspielerkarriere zu machen. Aber es hielt sie nicht lang bei der einen oder anderen Provinzbühne; auch die Tingelei des Wandertheaters, mit dem die abgerissene Anfängerin die schlesische Landschaft durchquerte, blieb nur eine Episode.

Stattdessen führte sie der Weg nach oben bald ins kaiserliche Berlin, zu dem sie aus dem Stand »in heißer Liebe« entbrannte. Es war Liebe auf den ersten Blick, und sie hatte ein Leben lang Bestand.

Innerhalb weniger Wochen machte sich die junge Waldoff mit dem »Milljöh« vertraut, dessen Teil sie wurde: gewissermaßen über Nacht verleibte sie sich dessen Gestus ein, sog sie seinen herben Duft ein, den die Berliner Luft verströmt, spürte sie den Rhythmus dieser Stadt und hatte seine Melodie im Ohr. Obwohl nicht mit Spreewasser getauft, gurgelte es, kaum, daß sie als »Stern von Berlin« ihren Weg durch rauchige Kabaretts, kleine Kneipen und große Varietés gemacht hatte, auch schon aus ihr hervor wie aus den Wassern der Panke: »Det Scheenste sind die Beenekens«. Walter Kollo, der Ur-Berliner aus Ostpreußen, der bereits am Klavier saß, als sie Anno 1907 im »Roland von Berlin« zum Liebling der Saison avancierte, schrieb ihr dazu die Melodie, die das Lied zum Schlager machte.

Eine Blitzkarriere, die über mehr als vierzig Jahre anhalten sollte. Es gibt mehrere Gründe dafür, daß der Waldoff das Kunststück gelang, zum Langzeit-Liebling eines Massenpublikums zu werden, das sonst eher auf Abwechslung abonniert ist und seine Gunst immer wieder neu an Novitäten verschenkt. Da ist zum einen die Originalität und Unverwechselbarkeit, die Kurt Tucholsky bereits zur Kaiserzeit an der jungen Kabarettistin mit ihren »dummen Liedern« zu rühmen wußte. Die Technik ihres Vortrags sei unmöglich und unübertragbar, heißt es in seiner Kritik, die er 1913, kurz nach dem Waldoff-Debüt, für die »Schaubühne« schreibt, und deshalb, so schlußfolgert er, werde auch der neue Stil, den die Waldoff da ins Spiel bringe, von niemand außer ihr erreicht. Dieses gewisse Etwas, das Einmalige, jenes »Unikum, wo man nur einmal hat«, wie Friedrich Hollaender das in einem seiner Chansons beschreibt, ließ sie über Nacht erst zum Geheimtip Berlins werden und bald darauf zum einfachen Muß für Berlin-Kenner. Kaum, daß sie die Kabarett-Bühne des »Roland« in der Potsdamer Straße erklommen hatte, wurde sie von berühmten Kollegen, darunter von Carl Heinz Ewers und der legendären Gussy Holl, bereits parodiert.

Was derlei Parodien in der Regel nicht mitzuliefern imstande waren, ist die unterschwellige »Botschaft« dieser Künstlerin, die bei allem Hang zum volkstümlichen Ton doch mehr wollte als nur Unterhaltung pur. Ihr soziales Engagement, mehr als nur gelegentlich auf Wohltätigkeitsveranstaltungen und Benefiz-Konzerten zugunsten der Ärmsten der Armen unter Beweis gestellt, war in der Branche ebenso sprichwörtlich wie beispielhaft. Sie kannte das Leben von unten und vergaß nie, von wo aus sie zu ihrer beispiellosen Karriere aufgebrochen war. Ein Grund dafür, daß sie Berlin zu »ihrem Berlin« machte, mag sein, daß sie

9

hier an der Spree wie kaum sonstwo den Hinterhof entdecken, den Kiez riechen, schmecken, spüren konnte und daß Heinrich Zille, mit dem sie eine herzliche, nahe Freundschaft verband, ihr den Blick fürs »Milljöh« mit all seinen Licht- und Schattenseiten öffnete.

Das war weniger der romantisch verklärte Blick der Außenstehenden als vielmehr einer der Teilnahme und des Mitgefühls. Aus gutem Grund war die Waldoff Zeit ihrer Karriere eher in Tanzsälen und Schaubühnen zuhause als in Nobel-Cabarets und vornehmen Konzerthäusern.

Auch auf der Theaterbühne fühlte sie sich eher im musikalischen Schwank derben Zuschnitts beheimatet als vor der Glitzerkulisse einer Operetten-Eleganz, wie sie in den Zwanzigern für Richard Tauber errichtet wurde. Selbst bei den Charell-Revuen, die auf große Ausstattung setzten, gelang es ihr, ihre Figur ebenso hemdsärmelig wie lebensnah ins Spiel zu bringen: »Warum soll er nich mit ihr« plädierte sie plärrend im Großen Schauspielhaus fürs Lieben und lieben lassen und schleuderte mit ihrer lautstark gegrölten Forderung »Raus mit den Männern aus dem Reichstag!« emanzipatorische Gelüste ins Publikum.

Große Worte waren ihre Sache nicht, sie meldete sich lieber durch ihre Lieder, Chansons, Schlager und Songs zu Wort, um sich verständlich zu machen. Was nicht heißt, daß sie die Antwort schuldig blieb auf Fragen, die auf ihre Grundeinstellung abhoben. »Ich bin und bleibe Volkssängerin – das ist meine Mission«, gab sie einmal zu Protokoll. Und präzisierte sogleich, was sie darunter verstand: »Ich will … gerade vom Leben singen, vom Volke für das Volk, von der Zeit und ihren Nöten. Zur Erfüllung dieser schönen und schweren Aufgabe gehört, das können Sie mir glauben, viel Menschenkenntnis und Einfühlung ins Zeitgeschehen, eine feine Witterung dafür, was Freude machen könnte, und nicht zuletzt ein großer Fleiß und eine tiefe Liebe zu den Menschen und Dingen.«

Die feine Witterung für das, was Freude und Mut macht, hat sie nie verlassen, ihr Publikum liebte sie dafür wie eine der ihren. Sie alle, die ihr zuliebe ins »Linden-Cabaret« und in die »Scala«, ins »Kabarett der Komiker« und in den »Wintergarten« strömten, ließen sich zu Tränen rühren und genossen es, vor Lachen wegzutreten. »Ich wäre beinahe wieder rausgeschmissen worden« – mit diesem Satz beschreibt »Weltbühnen«-Chef Siegfried Jacobsohn in einem Brief an seinen Freund Tucholsky den Lachkrampf, der ihn angesichts eines Sketches überfiel, den die Waldoff und Berlins tuntige Ulknummer Wilhelm Bendow im Februar 1925 auf die Bühnenbretter des Großen Schauspielhauses legten.

Ein weiterer Grund für Claire Waldoffs Breitenwirkung ist die enorme Spannweite ihres Repertoires, von dem sich der kritische Intellektuelle, der verwöhnte Snob, der genußsüchtige Biedermann wie der sprichwörtliche Mann von der Straße gleichermaßen angesprochen fühlten. Bereits bei ihrem ersten Kabarett-Auftritt gelang es der Waldoff, die engen Fesseln zu sprengen, die sich das Cabaret der frühen Jahre mit seinem Tanderadei-Getue und seinen Juchheissassa-Juchzern hatte anlegen lassen.

Das Waldoff-Angebot reichte vom Schlager, vom Volkslied und Gassenhauer, vom derben Couplet und der schmachtfetzigen Operetten-Arie bis hin zum literarischen

Chanson, für das sie sich die Texte von niemand geringerem als Kurt Tucholsky, Walter Mehring, Hermann Vallentin und Friedrich Hollaender schreiben ließ. Selbst Wedekind-Verse finden sich in ihrem Programm.

Zur Einheit wurde diese verwirrende Vielfalt in der Person der Interpretin, die alle ihre Lieder, welchen Genres auch immer, im unverwechselbaren Claire-Gestus Figur werden und Gestalt annehmen ließ: Einmal von ihr gesungen, wurden all die Lieder, die sie vortrug, zu »ihrem Lied« und damit gewissermaßen Volksgut. »Mutterns Hände« von Tucholsky ist ein überzeugendes Beispiel dafür – von der Erstinterpretin, Ilse Trautschold, war nicht mehr die Rede, nachdem die Waldoff das Chanson zu ihrem gemacht hatte.

Die Schallplatte tat ein übriges, die fleischgewordene Berliner Schnauze mit Herz, dieses derb-komische Talent mit dem gelegentlichen Hang zu den leisen, empfindsamen Tönen, populär zu machen.

Claire Waldoff steht auf der Liste derer, die in den Zwanzigern zu den Stammgästen im Radio- und Plattenstudio zählten, ganz oben. Die Anzahl ihrer Neuerscheinungen auf dem Plattenmarkt konnte sich neben den Bestsellern der Branche – Richard Tauber, Paul O'Montis, Otto Reutter – durchaus sehen lassen. Und der Rundfunk spielte ihre Schellacks und trug diese unvergleichlich-unverwechselbare Stimme mit den kessen Botschaften bald in jedes Haus, direkt in die Wohnzimmer der begeisterten Radiofans.

Das änderte sich erst mit Hitlers Machtübernahme im Januar 1933, mit der der große Exodus einer ganzen

Künstlergeneration begann. Die Mehrzahl ihrer Freunde und Kollegen mußten damals ihre Heimat bei Nacht und Nebel verlassen: Walter Mehring und Friedrich Hollaender, Paul Morgan, Otto Wallburg, Hermann Vallentin, Kurt Robitschek, Rudolf Nelson, Hans May, Walter Trier, Heinrich Mann, Curt Bois, Siegfried Arno, Paul Graetz und Erik Charell. Auf der Bahnreise zu ihrem Frankfurter Gastspiel traf die Waldoff in einem Abteil auf befreundete Kollegen, darunter die Kabarettisten Paul Nikolaus, Fritz Grünbaum und Max Herrmann-Neiße, die auf der Flucht ins Ausland waren. Keiner von ihnen hat die Nazi-Diktatur überlebt: Nikolaus nahm sich wenige Tage später das Leben, Herrmann-Neiße starb im Londoner Exil, Grünbaum im Konzentrationslager Dachau.

Claire Waldoff, auf der Bühne wie im Leben immer direkt und ohne Umschweife, mochte die Nazis nicht, und sie machte keinen Hehl daraus. Und die neuen Herren, die zu Beginn ihrer diktatorischen Herrschaft nicht ohne Erfolg um den einen oder anderen Publikumsliebling der Show-Branche gebuhlt hatten, merkten bald, daß mit dieser Frau kein Staat unterm Hakenkreuz zu machen war.

Man schickte Störtrupps in ihre Konzerte und machte ihr Schwierigkeiten. Goebbels soll bei ihrem Anblick in der »Scala« getobt und Konsequenzen für den Fall angedroht haben, daß man »diese Person« noch einmal engagiere. Willi Schaeffers, der Chef des »KadeKo«, brachte dagegen Volkes Stimme ins kabarettistische Spiel: »Claire Waldoff war schon im ersten Reich Liebling des Volkes. Dann war sie im zweiten Reich Liebling des Volkes. Und so wird sie auch – solange sie lebt, Liebling des Volkes bleiben.« Die

Schaffers-Pointe brachte ihm prompt eine Rüge des Reichskulturwarts ein.

Und dennoch trauten sich die Nazis nicht, ein Auftrittsverbot über die populäre Kabarettistin zu verhängen, eher mobilisierten sie Presse- und Publikumsstimmen, die lautstark tönten, derart »gewöhnliche Darbietungen« wie die der Waldoff gehörten nicht mehr in die »neue Zeit«. Allerdings muß die in Umlauf gebrachte Version, ihr berühmtes, bereits 1913 im »Linden-Cabaret« aus der Taufe gehobenes Erkennungslied »Hermann heeßt er« habe ihr ein Berufsverbot eingebracht, in den Bereich der Legende verwiesen werden. Tatsache ist, daß Hitlers dickleibiger Reichsmarschall Hermann Göring, den der Volksmund zu NS-Zeiten mit diesem Lied in Verbindung brachte (»Rechts Lametta, links Lametta und der Bauch wird imma fetta«), den Waldoff-Schlager eher amüsiert als verärgert zur Kenntnis nahm. Die Waldoff hat ihre »Erkennungshymne« noch 1938 in der Berliner »Scala« gesungen.

Aber es wurde still um sie. Vor den Berliner Bombennächten zog sie sich in die bayerische Provinz, nahe der österreichischen Grenze, zurück und gab nur noch vereinzelte Gastspiele. Nach dem Ende des Zweiten Weltkrieges, als im zertrümmerten Deutschland Hunger, Not und Elend das Sagen hatten, ließ der große Waldoff-Auftritt auf sich warten. Die munteren Lieder der inzwischen an der Grenze ihrer physischen Existenz laborierenden Künstlerin schienen nicht mehr zeitgemäß. Für die Waldoff, so sah sie es selbst, war die Zeit für den Rückblick angebrochen.

1951 begann sie mit der Niederschrift ihrer Erinnerungen, die hier nach Jahrzehnten wieder neu aufgelegt werden. Kernstück dieser Aufzeichnungen ist eine Artikelserie, die sie im Herbst 1932 in der »Berliner Morgenpost« veröffentlicht hatte. Es sind keine Memoiren im herkömmlichen, allzu bekannten Sinn, eher sehr persönliche Bekenntnisse, die noch einmal die große, lebendige Zeit der Zwanziger heraufbeschwören. Mit einer Schreibe, hinter der der Waldoff-Fan nicht allzu schwer die unverwechselbare Stimme von Tucholskys »Waldoffn« ausmachen kann, erzählt sie einfach, lebendig und humorvoll von vergangenen, längst vergessenen Zeiten, von Begebenheiten und Episoden, auch davon, wie sie wurde, was sie war. Erinnerungen an das alte Berlin und an ein bewegtes Leben.

Daß dabei kein Stück erhabene Literatur herausgekommen ist, mag eher als Gewinn begriffen werden denn als Manko. Nur so, will mir scheinen, ersteht noch einmal jene Person in voller Kraft und Größe vor dem Auge des Lesers, der, den Waldoff-Ton im Ohr, ahnen mag, was inzwischen längst verstummte Dichterstimmen einst an diesem unnachahmlichen Talent zu preisen wußten: »Diese Frau macht nicht viel von sich her«, schrieb ihr Max Herrmann-Neiße ins Stammbuch, »sie steht schlicht und unscheinbar auf der Bühne und singt ihre massiven Couplets, die … so voll wirklichen, handgreiflichen Lebens sind.« Und Tucholsky hatte es, wie immer, noch kürzer. »Klea Waldoff …«, konstatiert er bereits 1913 in der »Schaubühne« bewundernd, »was Deutschland an der besitzt, wußten wir.«

Unter den Dokumenten, die im vorliegenden Band die Lebensgeschichte der Claire Waldoff illustrieren sollen, findet sich auch ein hier erstmals veröffentlichter Brief der fast 70jährigen Künstlerin aus dem Jahr 1954. Er ist an die Schriftstellerin Alice Ekert-Rotholz gerichtet und ist in mehrfacher Hinsicht bemerkenswert. Schon deshalb, weil er belegt, daß der Lebenswille der hochbetagten, kränkelnden und verarmten Waldoff bis zuletzt ungebrochen war, daß sie sich auch durch längere Krankenhausaufenthalte nicht entmutigen ließ und sogar noch nach ihrem ersten Schlaganfall an ein Comeback dachte. Unermüdlich arbeitete sie an der Zusammenstellung ihres neuen Repertoires. Zu ihren Wunschnummern gehörte ein Text, den sie vor Jahrzehnten in einer Zeitschrift gelesen hatte.

»Alle spielen Blindekuh« hieß er, und geschrieben hatte ihn die vor den Nazis ins Exil geflüchtete Alice Ekert-Rotholz, die ihr Zeitgedicht im August 1931 in der »Weltbühne« veröffentlicht hatte. Es beschwört im leichten, kabarettistischen Chanson-Ton das Lob der Nichtsahnenden:

> Wenn wir alles wüßten, was wir nicht wissen -
> Unser Leben wäre nochmal so bescheiden …
> Wenn wir wüßten, daß wir am 12. Dezember 19…
> Beim Mittagessen sterben werden,
> Dann wär dieser angesagte Tod
> Ein Gummiknüppel, der ständig droht.
> Wir werden ausbrennen.
> Ganz plötzlich. Wie unser elektrisches Licht …
> Aber noch können wir leuchten –
> Denn wir wissen es nicht …

Der Text, an den sich Claire Waldoff noch nach mehr als zwanzig Jahren erinnert, erlangt in den trostlosen, unsicheren Zeiten der ersten Nachkriegsjahre eine neue, bedrückende Aktualität. Er spricht der Waldoff, die, wie so viele andere, nicht so recht weiß, wie es politisch und gesellschaftlich, privat und beruflich weitergehen soll, aus der Seele:

> Wie praktisch, daß wir nichts von morgen wissen!
> Was würde sonst aus unserm festen Schlaf?
> So ist man bis zum Tod ein neugebornes Schaf …
> Nichts wissen ist ein sanftes Ruhekissen.

Vergeblich hatte Claire Waldoff nach dem Ende des Zweiten Weltkrieges versucht, die Autorin dieser Zeilen ausfindig zu machen; sie konnte nicht ahnen, daß Alice Ekert-Rotholz nach Asien emigriert war, wo sie weiterhin schriftstellerisch tätig war und mehrere Romane und Reisebücher, darunter »Reis aus Silberschalen« und »Siam hinter der Bambuswand«, schrieb. Ohne ausdrückliche Genehmigung der Autorin aber wollte die Waldoff das Gedicht nicht benutzen, »singen resp. vortragen« – lieber hat sie das ihr so liebgewordene Stück Gebrauchslyrik »still in mein Herz verschlossen«, als daß sie Autorenrechte verletzt hätte.

Dieser geradezu rigorose Hang zur Genauigkeit, zu Fairness und klaren Verhältnissen war eine der hervorstechendsten Charaktereigenschaften der Waldoff. »Krumme Dinger« zu drehen, war ihre Sache nicht. Die Interpretin von zu Volksliedern gewordenen Schlagern und Chansons wußte nur zu gut, welchen Anteil gerade die Autoren dieser Lieder an ihrem Erfolg hatten. Eine solche Haltung, die in der Unterhaltungs-Branche eher die Ausnahme als die Regel ist, hat der aus gegebenem Anlaß so leidgeprüfte

Kurt Tucholsky bereits früh an seiner »Waldoffn« zu rühmen gewußt. Im Kabarett, so schrieb er sich 1931 in der »Weltbühne« seine Autorenklage von der Dichterseele, werde geklaut, daß jeder Taschendieb davon lernen könne: »Einen Text kauft man nicht, den stiehlt man.« Natürlich, räumt er ein, gebe es Ausnahmen: »Claire Waldoff ist sauber. Und noch ein paar. Der Rest aber klaut...«

Als sie im Frühjahr 1954 durch Tucholskys Witwe erfährt, daß die Autorin des »Blindekuh«-Gedichts überlebt hat, schreibt die Waldoff ihr umgehend und bittet um die Erlaubnis, den Text auf ihren geplanten Abenden vortragen zu dürfen. Doch dazu kommt es nicht mehr. Claire Waldoff hat ihren letzten Auftritt bereits hinter sich.

Für die große Interpretin, die über vier Jahrzehnte lang ihr Publikum mit frechen Liedern und kessen Sprüchen auf jene selten gewordene Art unterhalten hat, die weder Vortragende noch Zuhörer vor Scham erröten lassen muß, gibt es kein Comeback mehr und auch keinen spektakulären Bühnen-Abschied.

Claire Waldoff, ein Stück bestes Berlin, eine Größe der Kleinkunst, die in Gelsenkirchen zur Welt kam, sich im Hannoveraner Land erste Bühnenschritte ertippelte und in Oberschlesien düstere Tragöden-Töne probte, bevor sie an die Spree verschlagen wurde und hier ihre geistige Heimat fand, starb, vereinsamt und verarmt, im fernen Bayern. Im schwäbischen Stuttgart wurde sie auf dem Prag-Friedhof zur letzten Ruhe gebettet.

»Weeste noch …?«

Gewissermaßen Untermieter bei Theo Lingen

»Claire Waldoff stammt aus Gelsenkirchen. Also eine Gegend, wo die rheinische Locke soeben noch den Westfalenschädel berührt«, so schrieb im Februar 1949 Otto Galley, der Kritiker der »Braunschweiger Zeitung«, »das mag ihr Naturell charakterisieren.«

Sechzehn Kinder hatten die Eltern. Ich war das elfte Kind. (Deshalb wohl liebte ich den Gott Bacchus …) Der Vater war aus Eberfeld, ein echter, fröhlicher, aufgeschlossener Rheinländer; er war Steiger im Bergwerk gewesen.

Alsbald waren schon sieben Jungen und drei Mädels da, und die Eltern kauften eine Gastwirtschaft und ein Hotel dazu.

Die Mutter war aus Marl bei Recklinghausen, eine Westfälin mit dem berühmten Dickkopf, eine gütige, liebe Frau. Als ich geboren wurde – ein rothaariger Schreihals –, fühlte sich der Vater so stark und stolz, daß er in feuchtfröhlicher Laune einen Ringkampf mit einem Nachbarn wagte, und daraufhin wurde der neugebackene Vater mit einem gebrochenen Bein auf einem Tisch zur Mutter ins Bett gebracht. Also schon meine Geburt stand unter dem Zeichen einer Katastrophe.

Als ich noch ein Kind war, waren die Nächte oft erfüllt vom stillen Weinen der Angehörigen der Bergleute. Die schlagenden Wetter unter der Erde, wo eine Zeche neben der anderen liegt, forderten bei den häufigen Katastrophen oft ihre Opfer. Stundenlang warteten dann die Mütter, Bräute und Kinder mit den Familien voll Angst auf die

Heimkehrenden, ob sie unter den Toten oder unter den Lebenden sind. Die herzzerreißenden Szenen haben sich für immer meinem Kinderherzen eingeprägt, und der Bergmannsgruß »Glück auf« ist mir in seiner tiefen und schönen Bedeutung Sinnbild meiner Heimat an der Ruhr.

Die Geschwister, Jungens und Mädels, waren nicht fürs Weiterkommen und gingen ihre eigenen Wege. Sie hatten nicht den Drang hinaus in die Welt. Ich aber wollte raus aus dem Haus, wollte in die Welt, wollte in die Großstadt, nachdem ich die Töchterschule von Gelsenkirchen und Oberhausen absolviert hatte. Und die Eltern hielten es für ihre Pflicht, ihr aufgewecktes Claire-Kind nach Hannover zum Besuch der damaligen ersten Mädchengymnasialkurse der Helene Lange zu schicken.

Ich war damals zwölf Jahre alt und die jüngste Gymnasiastin mit zwei langen roten Zöpfen und noch mit Schürze angetan.

Der Zufall wollte es, daß meine hannoverschen Pflegeeltern, bei denen Vater mich einmietete, ausgerechnet die Eltern von Theo Lingen waren, der damals gerade im Begriff war, das Licht der Welt zu erblicken.

Unser Mädchengymnasium fing von Obertertia an. Wir mußten also ein Jahr das Pensum büffeln, was die Jungens in drei Jahren absolvierten. Hannover, die erste Großstadt meines Lebens, machte einen überwältigenden Eindruck auf mich, und das Café Kröpke schien mir der Mittelpunkt der Welt. Da erlebte ich auch zum ersten Male im Leben die Welt der Bühne, Schauspiel und Oper. Meine Phantasie brachte mich in eine neue Welt der Freude. Nie vergesse ich die erste Arie meines Lebens, aus »Robert, der Teufel«, die durch das nächtliche Hannover überirdisch an mein Ohr drang, gesungen von einer unbekannten Sängerin, während ich im Pferdeomnibus der Pension zuzuckelte.

Liebe unbekannte Sängerin! Deine süße Stimme werde ich mein Leben lang nicht vergessen. –

Die Jahre im Mädchengymnasium bis zur Oberprima gingen schnell dahin. Meine lustigen zwei roten Zöpfe der Jugendzeit waren unterdessen auch verschwunden.

Nach fünfundvierzigjähriger Ehe und nachdem sie sechzehn Kindern das Leben geschenkt hatten, ließen sich meine Eltern scheiden. Da stand ich plötzlich allein und ohne Elternhaus.

Im einzigen Hemd zur Bühne

Mit einem Hemd und einem Paar Strümpfen ging ich zum Theater, dem immer meine heimliche Liebe gegolten hatte. Die liebe gute Mutter zog weit fort zu einer verheirateten Tochter. Mir sandte sie dann immer etwas Nützliches, Praktisches, weil ich zu wenig zum Heiraten mitbekommen hätte. Dann und wann kam etwas Bettzeug und heimlich dazu ein Apfel mit einem 20-Mark-Goldstück eingesteckt und ein schneller Bleistiftbrief: »Brav zu sein« und »Hier sende ich Dir mein Letztes«, so schrieb sie immer. Die anderen Kinder haben ihr viel Kummer gemacht. Sie hatten nicht Mutters Güte. Ich stand auf eigenen Füßen und schlug mich recht und schlecht durch.

Die hannoverschen Schauspieler halfen mir fürs erste zu einem Engagement am fürstlichen Sommertheater in Pyrmont, mit 40 Mark monatlicher Gage, als Naive und jugendliche Liebhaberin. Direktor war Adalbert Brümmer.

Ich habe mit Wonne gehungert und gedarbt. Die hannoverschen Schauspieler schickten mir heimlich ein paar Mark monatlich, anonym, damit ich mich nicht zu bedanken brauchte. Ich lernte von heute auf morgen die größten Rollen, wenn irgendein »Star« Krach hatte mit dem Direktor. Aber eins muß ich sagen: Der schönste Augenblick war das erste selbstverdiente Geld am Theater. Ich sehe noch immer die zwei Goldstücke, die mir am ersten Gagetag von dem Kassierer ausgezahlt wurden. Es stieg mir ganz heiß in die Augen vor Freude und vor Stolz; und ich schickte der Mutter per Eilboten einen wunderschönen Blumenstrauß. Weil sie vom Lande war, liebte sie die Blumen. –

Meine erste Bravourrolle respektive Applausrolle war das Dienstmädchen in »Dr. Klaus« – »Nicht schneiden, Herr Doktor, nicht schneiden!« Ich sah damals aus wie ein fröhliches, verschmitztes, listiges Eichhörnchen, immer vergnügt und selig, der Kunst angehören zu dürfen, und ich fragte nicht, woher und wohin. In der Zeit habe ich oft nichts gegessen vor lauter Glückseligkeit. Mein Lebenslauf war Lieb und Lust, eine schöne, beschwingte, sorgenlose, selige Zeit.

Die holde Schauspielerzeit in Pyrmont war eines Tages zu Ende. Ich fuhr nach Hannover zurück und klapperte zwei Wochen lang die Theateragenturen ab nach einem Engagement. Aber leider vergebens. Es blieb nichts anderes übrig, als sich nach einer anderen Tätigkeit umzusehen, um nicht zu verhungern.

Hoteldame in Kappeln an der Schlei

Ich durchstöberte das »Hamburger Fremdenblatt« im Caféhaus nach Stellenangeboten und entdeckte schließlich, daß Kappeln an der Schlei in Holstein eine junge Dame suchte zur Führung eines Hotels. Schleunigst meldete ich mich dort, und zu meiner großen Freude und meinem Erstaunen wurde ich genommen und sauste ab nach Kappeln an der Schlei. Die Besitzerin war eine Witwe mit Tochter, und ich tat so, als wenn ich hotelfachmännisch gebildet wäre. Dabei hatte ich doch keine Ahnung und holte mir täglich beim Hausknecht die nötigen Informationen.

Drei Monate lang habe ich mich dort über Wasser gehalten und sogar zur Zufriedenheit der Brotgeberin. Aber dennoch ergriff ich die erste beste Gelegenheit, in den geliebten Theaterberuf zurückzukehren. Und ich bekam mit Ach und Krach ein Engagement an einer kleinen Bühne in Oberschlesien. Und zwar im Kattowitzer Interimstheater im Hotel Deutsches Haus, mit 60 Mark Gage im Monat als »jugendliche Liebhaberin« für Schauspiel, Operette, für Chor und kleine Rollen.

Die Atmosphäre von Oberschlesien erinnerte mich an meine Kindheit: Kohlenbergwerke, rußige Landschaften, brennende Halden und Zechen. Wir Schauspieler hatten viel zu arbeiten, alle zwei Tage gab es ein anderes Stück. Es wurde Tag und Nacht gelernt, von »Maria Stuart« an bis zum »Hüttenbesitzer« und »Onkel Bräsig«, bis zu den damals noch neuen Sudermann-Stücken, von »Heimat« bis »Schmetterlingsschlacht«.

Wir hatten so viel zu lernen, daß wir die Nächte zu Hilfe nehmen mußten. Nach der Vorstellung steckten wir zu Hause die Beine in eine kleine Waschschüssel mit kaltem Wasser, um beim Rollenlernen nicht einzuschlafen bis morgens früh. Denn um neun Uhr früh ging die Probe schon an.

Ich habe alle möglichen Rollen gespielt in Kattowitz, von der »Sentimentalen« bis zum »Pikkolo«, von der »derben Soubrette« bis zur »komischen Alten«. Dazwischen gabs Operette, wie z. B. das »Süße Mädel« von Eysler.

Das schlimmste war die Kleiderfrage. Ich besaß doch keine sogenannte Theatergarderobe. Oft war ich ratlos bei der Premiere, was ich denn auf der Bühne anziehen sollte. Dabei war der Vorhang schon hochgegangen. Es war mir oft heiß und kalt, wenn man vor dem Publikum stand und so arm war wie eine Kirchenmaus.

Irgendwie ist es dann doch immer gegangen, irgendeine Kollegin hatte mir in letzter Minute etwas gepumpt. Und wenn der dicke gestrenge Direktor Michels mich nach der Vorstellung zu sich rief, um mir ein Kompliment zu machen, dann wirbelten meine armseligen Klamotten vor lauter Glück durch die Luft.

Mein schönster Erfolg war als »Hannele« von Gerhart Hauptmann, und meine Paradestücke in der Kledasche waren ein Paar hohe Schnürlackstiefel, die bei der unmöglichsten Rolle auf der Bühne getragen wurden. Ich war sehr stolz auf diese Schuhe, und sie erweckten berechtigtes Aufsehen beim Publikum, da ich auch noch einen sehr kleinen Fuß hatte.

Dann besaß ich noch eine herrliche weiße Federboa, die

Claire Waldoff als Rautendelein in Gerhart Hauptmanns
»Die versunkene Glocke«, Interimstheater Kattowitz, 1905

auch immer mitspielte in Salonstücken und die mir einst die liebe Gertrud Richard, die Tragödin des hannoverschen Hoftheaters, geschenkt hatte. Das Glanzstück aber meiner Theatersachen war und blieb eine lange, herrliche, dicke Perlenkette, die ich als »Rautendelein« mit Bravour trug, obgleich die Wassernixen doch niemals eigentlich Schmuck tragen.

Ich möchte auch meiner ersten Wirtin in Kattowitz, Matka genannt, so spät noch Dank sagen. Sie hat oft für mich gesorgt, wenn ich vor Hunger, Lernen und Arbeit nicht in den Schlaf kommen konnte. Ich sehe noch die dicke gute Frau vor mir, wenn sie mit mir schimpfte, wenn ich übernächtigt vom Lernen eingeschlafen war und sie mit einer großen polnischen Tasse und einer mächtigen Scheibe Brot, mit Schmalz bestrichen, zu mir ins Zimmer kam.

Hab Dank, liebe gute Matka!

Mit dem Blechbett auf Tournee

Ich blieb ein Jahr in Kattowitz, vielmehr eine Saison. Weil ich kein anderes Engagement hatte, spielte ich mit anderen Schauspielern, denen es ebenso ging, auf Teilung. Wir spielten um Kattowitz herum. Die kleinsten Nester klapperten wir ab. Wir waren sehr arm. Jeder hatte einen Teil der unbedingt notwendigen Requisiten zu tragen. Wir hatten nur drei Stücke auf dem Repertoire: »Über unsere Kraft«, 1. Teil, von Björnson, »Heines junge Leiden« und Max Halbes »Jugend«. Dieses Stück war ganz neu am Theater.

Wir besaßen nur eine einzige Dekoration, es war eine Gartendekoration. Alle Stücke spielten jedenfalls im Garten. Die berühmte Wunderszene der Klara in Björnsons »Über unsere Kraft«, die im Bett spielte, wurde auch im Garten gespielt. Und der Bergsturz im selben Schauspiel war ein Tohuwabohu von Geklirr und Scherben. Wir verschwanden gleich stets nach der Vorstellung, weil wir ja die Saalmiete nicht bezahlen konnten und jeder sich heimlich wegstehlen mußte aus dem Dorf bei Nacht und Nebel.

Ich hatte immer das braune Blechbett aus »Über unsere Kraft« zu tragen, außer meiner eigenen Kledasche.

Die anstrengendste Rolle war das Annchen in Max Halbes »Jugend«. Ich kam als Annchen das ganze Stück nicht von der Bühne. Weil nun jeder von uns sich abwechselnd vor dem Publikum am letzten Aktschluß zu bedanken respektive zu verbeugen hatte, traf mich oft das Los, als Annchen so in die Kulisse zu fallen, als Erschossene, damit ich zum Schluß den Vorhang zuziehen konnte, während alle anderen Kollegen sich tief verbeugten vor dem Publikum und sich bedankten.

Vor der Vorstellung traten wir alle im Hauptkostüm auf die Straße in der Hoffnung, es könnte doch noch einer reingehen ins Theater zu uns armen Komödianten. Jedenfalls machten wir alle ein fröhliches Gesicht.

Unsere Vorstellungen waren schlecht besucht. Daher gabs oft gar kein Geld. Manchmal gabs für jeden 50 Pfennige am Tag. Wir lebten von Tee und Zigaretten, von der Liebe und von der Luft.

Wir liebten unseren Beruf über alles, trotz Elend und Hunger, und hatten alle das todsichere Gefühl, eines Tages

als Else Lehmann oder Else Bassermann für die Kunst ent-
deckt zu werden und bessere Zeiten zu erleben. Wie oft
hörten meine Kollegen abends beim Anschminken voller
Begeisterung meine laute Stimme, die aus lauter Liebe zu
unserem Schauspielerberuf die herrlichen Schillerschen
Verse loslegte:

> Dich grüß' ich in Ehrfurcht, prangende Halle,
> Du meiner Väter fürstliche Wiege,
> Säulengetragenes herrliches Dach!

Nach den feierlich-schön skandierten Worten Schillers
sagte nach einer kleinen Pause die banale prosaische Stimme eines Spießers, der draußen zugehört hatte: »Na, wo
ham se denn die losgelassen!« Da waren wir alle beleidigt,
als hätten wir einen Eimer Wasser über den Kopf gekriegt,
sprachen kein Wort mehr; oder wir schimpften über die
Spießer, die keine Ahnung hätten von der hehren Kunst
und von der Begeisterung, die unser geliebter Beruf in uns
auslöste, und waren dann den ganzen Abend bedrückt.

Aber ebenso konnte uns auch ein kleines Kompliment
oder eine gute Zeitungskritik, wenn sie noch so klein oder
in einem noch so unbedeutenden »Wurstblättchen« erschien, selig machen, als ob wir der »Kainz« oder die
»Sorma« wären und als wenn es auf der Welt keinen
Hunger und keine Armut gäbe.

In heißer Liebe zu Berlin entbrannt

Eines Tages sagte ich: »Kinder, ich habe die letzte Nacht so wunderschön geträumt. Hört! Hört! Ich verlasse euch und fahre nach Berlin!« Großes Entsetzen bei der Truppe. »Ich muß nach Berlin, seid mir nicht böse, aber ich muß!«

Ich versetzte mein letztes Wertstück, meine goldene Uhr mit Kette, und fuhr eines Tages »vierter Güte«, genannt »Brustbild vierter«, auf meinem Korbkoffer sitzend, mit meinem einzigen herrlichen Chenillehut, mit meinen Lackstiefeln, mit Mutters Konfirmationsgeschenk, meinem Regenschirm mit Silbergriff, bewaffnet, gen Berlin.

Hundertmal habe ich Mutters lieben Brief auf dieser endlosen langen Reise gelesen und war bewegt über die Sorge um mich, so allein in diese Millionenstadt zu gehen, auf blauen Dunst hin. Ich kritzelte ihr mit Bleistift einen langen, süßen Brief im Coupé: daß ich doch brav wäre und daß ich doch weiter müßte, als in Kattowitz zu spielen, daß ich doch helle wäre und nicht umsonst Lateinisch und Griechisch gelernt hätte und daß sie beruhigt sein könne und daß ich ihr Ehre machen würde.

Dann sah ich zum erstenmal die Riesenstadt Berlin und war überwältigt. Ich empfand gleich das Besondere dieser Stadt, das unerhörte Tempo, das Temperament, das unglaubliche Brio.

Von morgens bis abends bin ich mit der Bahn hin und her gefahren, um die Stadt und die Menschen zu sehen. Abends fiel ich todmüde in mein Bett.

Passage Panopoticum, Berlin, Ecke Friedrichstraße/Behrenstraße.
Im ersten Stock der Passage befand sich das »Linden-Cabaret«,
in dem Claire Waldoff 1913 ihr Lied vom »Hermann«
aus der Taufe hob.

Ich war in heißer Liebe zu Berlin entbrannt. Nicht weil Berlin schön ist oder weil es die Reichshauptstadt war, nein, weil es Berlin war, die besondere Atmosphäre, die lebendige, kurz angebundene Art und Weise. Übermüdet und aufgeregt von dem Erlebnis Berlin, habe ich kein Auge in der ersten Nacht zugetan. Frühmorgens zog ich gleich wieder los zu den Theateragenten, mich vorzustellen. Dann machte ich einen Besuch bei der einzigen bekannten Seele in ganz Berlin, bei einer hannoverschen Schulkameradin, die jetzt Schauspielerin und als Salondame in Berlin engagiert war. Es war Anni Vara. Sie wohnte in Friedenau. Es war ein großes Hallo, als ich ins Zimmer kam.

»Wer ist da?« sagte das Mädchen. »Claire«, rief ich, »aus Hannover vom Mädchengymnasium! Ich bin soeben aus Kattowitz hier angelangt als Provinzschauspielerin und suche händeringend ein Engagement.«

Große Begrüßung beiderseits.

»Du bist auch zum Theater gegangen? Laß dich mal ansehen, Claire. Hast du aber einen kurzen Rock. Nein, so einen kurzen Rock trägt kein Mensch hier in Berlin.«

»Was willst du, Anni, das ist mein bestes Kostüm«, sagte ich. »Den Rock habe ich mir so oft in meiner Waschschüssel waschen müssen, davon ist er so kurz.«

»Nein, meine Freundin«, sagte Anni, »mit so einem kurzen Rock kannst du in Berlin nicht ausgehen!«

»Kannst du mich empfehlen, Anni? Damit ich ein Engagement kriege in Berlin, und wenn es noch so eine kleine Rolle ist, es ist ganz egal! Nur spielen, in Berlin spielen!«

»Also, Claire, hör mal: Wir haben morgen Probe in der Wohnung meiner Theaterdirektorin Olga Wohlbrück. Das ist die bekannte Schriftstellerin, die eine Russin ist und Schauspielerin war in Paris an der Comédie Française. Sie ist eine interessante Persönlichkeit und versteht was vom Theater. Wenn du Glück hast, gefällst du ihr, und die Wohlbrück engagiert dich für zwei bis vier Monate. Aber das kann ich dir sagen, Claire, du mußt dich auf alle Fälle elegant anziehen, wovon ist mir egal. Du bist hier in Berlin und nicht in Kattowitz. Also sei pünktlich morgen um sechs Uhr bei der Wohlbrück in der Wohnung. Mach dich schön, hörst du, und toi, toi, toi, Clairette, brich's Genick, du Schmierenschauspielerin aus Kattowitz! Mehr als rausschmeißen kann sie dich nicht!«

Ich war außer mir vor Glück und Aufregung. So schnell schon winkte eine herrliche Gelegenheit, am Theater zu spielen und dazu in einer interessanten Schauspielergemeinschaft. Welch eine Schauspielerchance! Zum Donnerkiel!

Aber ein elegantes Kleid? Woher nehmen und nicht stehlen? Ich zerbrach mir den Kopf ….

Ich kannte sonst keinen Menschen in Berlin, und morgen sollte ich das elegante Kleid schon haben -? Ach herrjeh, was machen wir da? Aber in Berlin mußte doch ein Dresdner Freund sein, der Dramaturg war am hannoverschen Hoftheater. Der Dr. Paul Alfred Merbach.

In fliegender Eile wird das große Telefonbuch aufgeblättert, jawohl, das muß er sein! Hallo? Tatsächlich, er ist da.

Er kam sofort zu mir und war bereit zu helfen, trotzdem er es wirklich auch nicht so dick hatte.

Gleich klapperten wir die preiswerten Modegeschäfte der Friedrichstraße ab und fanden das Gesuchte: ein kleinkariertes modisches Taftkleid für mich, schwarzweiß, ein

Paar seidene graue Strümpfe dazu und nebenan ein Paar elegante graue Abendschuhe. Und dann noch graue elegante Handschuhe.

Ach, ich blühte auf wie eine Rose vor Aufregung, daß alles noch richtig geklappt hatte. Nur ein bißchen kleinlaut meinem Freund gegenüber war ich, weil alles so teuer war. Aber ich meinte, ich mache das wieder gut, wenn ich im Brot bin.

Ich mußte auf Paul Alfreds Rat noch zum Friseur, und als ich bei Olga Wohlbrück die Klingel zog, hatte ich das herrliche Gefühl, elegant zu sein und gut auszusehen.

Meine Freundin Anni war sehr stolz auf mich, stellte mich der Direktorin vor, und ich probierte gleich die Rolle eines jungen Mädchens.

Olga Wohlbrück war sehr interessiert an meinem Ton, und sie meinte, ich hätte was Besonderes, Eigenes, Originelles. Ich könnte eine Französin sein, und sie engagierte mich. Ich mußte jeden Tag die Proben mitmachen, und in vierzehn Tagen fuhr die ganze Schauspielergemeinschaft über Hamburg nach Westerland-Sylt ab.

Wir blieben drei Monate in unserem dortigen »Figaro-Theater«. Es wurde à la Grand Guignol-Paris aufgeführt. Ich spielte bald in größeren Rollen, französische Komödien und amerikanische Stücke, mußte viel lernen und genoß die himmlische Meerluft. Ich war glücklich, daß Direktion und Publikum mich auszeichneten.

Die ganze Gesellschaft kehrte dann nach Berlin zurück. Unsere Premiere am Kurfürstendamm war im Hause der früheren Sezession und hieß wieder »Figaro-Theater«, ein Einakter-Theater, der Zuschauerraum mit kleinen Tischen im Pariser Stil. Als Neuheit in Berlin.

Ohne Strümpfe auf dem Briefkasten

Mein erster Erfolg in Berlin waren Einakter von Paul Scheerbart, dem Dichter-Philosophen, dessen Stücke meistens auf anderen Planeten spielen. Meine erste Kritik in Berlin schrieb Alfred Kerr. »Man muß sich einen neuen Menschen merken: Claire Waldoff«, schrieb er im »Berliner Tageblatt«, »ein originelles Talent, auf das man neugierig sein muß.« Aber schon nach vier Monaten ging unser pariserisches Theater pleite. Es konnte sich nicht halten am Kurfürstendamm.

Zwischendurch hatte ich Berlin richtig kennengelernt. Nicht nur den reichen Westen, sondern auch die Armenbezirke »JWD«. Ich lebte mit den Malern und Dichtern, teilte mit ihnen ihre Armut und auch ihre plötzlichen Festivitäten und Atelierfeste.

Eine Bude in der Bamberger Straße, im hinteren Parterre, mit nichts drin, wurde mein eigen. Meine armen Maler brachten irgend etwas für die neue Bude mit: der eine ein paar gebrauchte alte Gardinen, die gleich einfach angehämmert wurden, einen Stuhl, eine Tasse und sogar ein Feldbett aus einem Atelier, der andere ein Handtuch und eine Schelle.

Wir weihten meine Bude abends beim Schein zweier Kerzen, in leere Bierflaschen gesteckt, ein. Sieben Mann hoch waren anwesend. À la turque auf der Erde sitzend im Kreise, Brot und Wurst wurden aus dem Papier hervorgezaubert und einige Flaschen Bier und der obligate Festtrunk, der »Nikolaschka«. Köstliche Reden wurden gehal-

36

ten, und ein Lied stieg zur Feier der Einweihung. Endlich war ich glückliche Zimmer- und Wohnungsbesitzerin.

Eines Tages fuhren zwei Taxis vor in der Bamberger Straße. Heraus steigt ein wunderschöner alter Herr mit Monokel, sehr elegant und in Begleitung eines Freundes.

Die beiden Autos waren beladen von oben bis unten mit allem, was zu einem Haushalt gehört. Es war der Hofrat von Rosenberg, der mit seinem Freund Willi Beschütz den ganzen Tag bei Wertheim für mich eingekauft hatte, um mir einen Haushalt zu gründen. Meine Freude war unbeschreiblich. Diese Überraschung!

An alles hatten sie gedacht: vom Besen angefangen – alles mögliche Geschirr, Gabeln, Messer, Gläser, Schüsseln, Meißner Porzellane, vom Korkenzieher bis zum Küchenhandtuch. Von der Butter und Brot bis zur Wurst und Senf und einer Flasche Wein zur Einweihung.

Wir haben stundenlang die Paketchen ausgepackt, mein leeres Zimmer war plötzlich bevölkert mit Bügelbrett und Bügeleisen, mit Kristallschalen, mit italienischem Salat, mit Keks und Schokolade. Wie wunderbar verstehen es doch feinsinnige, edle Menschen, anderen armen, ahnungslosen Menschenkindern eine Freude zu machen. Noch heute bildet der Inhalt von jenen zwei Taxis der kaiserlichen Zeit das Rückgrat meines Haushaltes.

Der schöne alte Hofrat ist längst gestorben, aber sein Andenken, seine Güte leben weiter in unseren Herzen. Ebenso war er eines Tages plötzlich bei einer armen Kollegin, Lotte Crusius vom Lessing-Theater Brahm, erschienen, die im Hinterhaus der Uhlandstraße wohnte. Sie war gar nicht schön – und auch bei ihr war Schmalhans Kü-

37

chenmeister. Ich hatte die Idee, sie aufzusuchen und hatte ihre Adresse in Erfahrung gebracht. Als wir reinkamen, drehte sie die Mangel und lernte dabei ihre Rolle und wippte die Wiege mit ihrem Baby im Takt. Mitten in dem Wäschedunst und Kleinkindergeschrei erschien unser schöner väterlicher Freund wie der liebe Gott in Person, um der überbeschäftigten Künstlerin einen herrlichen Brillantring als Geschenk zu überreichen, und verschwand.

Harun al Raschid wandelte auf Erden, beglückte die armseligen Hütten und ließ die verwunderten bedürftigen Menschen zurück. Warum soll man nicht einzelne Philanthropen ehren – wo es ihnen gebührt. Für alle ist es freilich nicht der Weg aus den Hinterhöfen ans Licht.

Einmal erschien in meiner Wohnung eine ulkige Type. Ein Theateragent. Er machte mir ein Angebot fürs Nollendorftheater, damals »Neues Schauspielhaus« genannt (Direktor Alfred Hallen.) Es war nur eine kleine Rolle in der bekannten Berliner Posse »Hopfenrats Erben«. Aber berühmte Schauspieler spielten mit, Harry Walden und Gisela Schneider-Nissen hatten die Hauptrollen, und die Gage war – sage und schreibe – monatlich 300 Mark.

Das wurde ein Fest, ein Fest sondergleichen. Es wurden mit Hallo immer weitere Pullen Bier geholt und immer noch eine Flasche »Nikolaschka«. Es war eine himmlische Begießung des neuen Engagements.

Nachts gingen wir noch auf die Straße. Aus lauter Unsinn und Ubermut setzten mich meine Freunde an der Gedächtniskirche auf einen hohen Briefkasten, zogen mir Schuhe und Strümpfe aus und sagten: »Wir verstecken uns. Wir wollen doch mal sehen, was mit dir geschieht.« Kaum hatte ich ein bißchen mit nackten Beinen auf dem Briefkasten gesessen, kam ein Schutzmann.

»Was machen Sie da?«

»Nichts, ich sitze hier.«

»Na, kommen Sie mal hier runter, Sie können hier nicht sitzen bleiben!«

»Doch, ich werde von der Post abgeholt.«

Ich hörte von weitem das Gequieke meiner Freunde. Nachdem sie ein paar Minuten ein dummes, lautes Gelächter losgelassen hatten, halfen sie mir mehr oder minder beschwipst die Strümpfe und Schuhe anziehen und verschwanden mit mir in einer Reihe, Arm in Arm, schwankend.

Frühmorgens um neun Uhr gleich auf die Probe ins Nollendorftheater. Es war meine erste Rolle im Berliner Dialekt. »Wat jeht mir Jelbsiegel an?« hatte ich in der Rolle zu sagen; als Backfisch zu meiner Mutter über meinen Schatz (Harry Walden), drehte mich frech auf dem Absatz rum und schmiß die Türe. Jeden Abend im Theater gabs einen todsicheren Applaus bei offener Szene bei diesem kleinen Satz, und das Publikum wollte sich schibbelich lachen und wollte wissen, wer die kleene Kröte ist auf dem Programm. »Claire Waldoff« lasen sie und lachten verwundert. Als ich drei Monate lang allabendlich mit gleichem Erfolg meine kleine Rolle gespielt hatte, wurde ich plötzlich von der Direktion entlassen. Nur, weil die berühmten Kollegen auf einmal nicht mehr Zeuge sein wollten von meinem täglichen Beifall auf offener Bühne in der kleinen, armseligen Rolle. Einfach entlassen! Die Gesichter meiner Freunde im Café waren leichenblaß, als ich mit dieser Hiobsbotschaft abends vom Theater kam.

»Ja, um des Himmels willen, Claire! Wovon sollen wir denn leben?« sagten sie. Ich hatte nämlich seit Monaten alle Zimmermieten meiner Künstler berappt. Schließlich war ich doch die einzige von der ganzen Korona, die im Brot war. Das war ein Schlag ins Kontor. Wir waren alle wie die begossenen Pudel. Von heute auf morgen entlassen und ohne jede Schuld!

Was hilft es. Ich mußte sofort etwas Neues anfangen. Ganz egal, was ich tue am Theater. Meine Künstler waren verzweifelt. Da hörten wir, daß die ersten Kabaretts, der »Roland von Berlin« und das »Chat noir«, sich trennten und sich gegenseitig die besten und neuesten Kräfte vor der Nase wegschnappten. Ich hin! Mit fliegenden Fahnen, nächsten Omnibus!

Ich war im Westen schon bekannt geworden in Theaterkreisen und schlug dem Direktor des »Roland von Berlin« vor (Direktor Paul Schneider-Duncker), Paul Scheerbarts literarische Monologe bei ihm zu spielen und meine Volkslieder zu singen, die ich in intimen Künstlerkreisen oft und mit großem Erfolg gesungen hatte.

Beinahe größenwahnsinnig

Da meine Zeitungskritik von Alfred Kerr und mein apartes, verrücktes Aussehen dem Direktor großen Eindruck machten, gelang es mir, ihn zu überreden, mich mit einer monatlichen Gage – weil ich größenwahnsinnig im Moment wurde – von sage und schreibe 700 Mark für die ganze Saison zu engagieren. Jetzt oder nie! Ich dachte an meine hungernde Bohème. Gott sei Dank ich habs geschafft, ich habs gekriegt! Wie ich die Treppe heruntergekommen bin, weiß ich nicht. Wir haben getanzt und gelacht.

Getanzt und gejodelt habe ich, als ich ins Café kam. Rot vor Freude und gelacht vor Glück. Und wir waren alle froh und frech wie Oskar. Und wir tranken eine schöne Flasche Rotspon bei Segantini, der kleinen Kneipe an der Potsdamer Brücke. Vom ersten Vorschuß wurden gleich alle Mieten für meine Maler bezahlt, und jeder kriegte irgend etwas sehr Notwendiges: eine helle Hose oder ein Paar Halbschuhe oder einen neuen Schlapphut oder sonst irgend etwas.

Bald kamen die neuen Freunde hinzu, die mich schon aus meinen ersten Berliner Tagen her kannten. Das waren z. B. die beiden Brüder Dr. Kopp. Der eine war der Chef der Berliner Kriminal- und Sittenpolizei, und der andere war Landrichter. Ich lernte sie einst durch meine Freundin Anni kennen, und jeden Sonnabend gingen wir engagementslosen Schauspielerinnen zu Kopps in der Bellevuegegend zum Abendbrot, wo wir stets willkommen waren. Wir deckten den Tisch und wuschen ab, und manches kluge, witzige und ernste Wort wurde gesprochen. Und da lernten wir die Großstadt Berlin von den verschiedensten Seiten kennen. Dr. Kopp verstand es vorzüglich, uns jungen Künstlerinnen das Leben der Großstadt Berlin so zu zeigen, wie es wirklich ist: Scherz und Ernst, Humor und Tragik der Großstadt, damit wir stets im Leben das richtige Verständnis für die Menschen in jeder Situation hätten. Oft durften wir den interessanten Gerichtsverhandlungen durch Dr. Kopp beiwohnen. Wir haben viel dadurch gelernt, juristisch und menschlich.

Langsam rückten meine neuen Kollegen vom Kabarett an. Alle elegant, manche mit Wiener Charme. Das war ein Gesinge und Trallala. Ich werde wohl eine seltsame Figur zwischen dem bunten Künstlervölkchen gemacht haben. Die eine war groß wie eine Juno, die andere wie eine Germania, die andere war eine blonde, mollichte Wienerin, eine kapriziöse französische Koloratursängerin, eine belgische Soubrette, schick, charmant und die immer sang:

Non, je ne marche pas,
Non, je ne marche pas,
Je suis la petite Nana d'Amérique.
Non, je ne marche pas,
Non, je ne marche pas,
Il faut me beau coute ça,
Voilà la petite Nana du Canada!

Ich sah wirklich eigenartig aus zwischen meinen neuen, eleganten Kolleginnen. Ich war klein und dünn, hatte einen roten Wuschelkopf und ein blasses Gesicht. Ich paßte wirklich nur zu meinen Malern ins Café Größenwahn.

Drei Tage vor der Premiere kam der große Kladderadatsch. Die Zensur hatte mein gesamtes interessantes Repertoire von Paul Scheerbart gestrichen, angeblich weil es antimilitaristisch wäre oder so; jedenfalls war und blieb es gestrichen. Heutzutage gibt es amtliche Zirkularbriefe gegen Kölsche Karnevalsschlager. Ich sollte damals gleich entlassen werden; es war noch außerdem vorgesehen, daß ich im Etonboy-Anzug auftreten sollte, den ich mir extra bei Adam auf Pump hatte machen lassen und in dem ich meine Volkslieder singen sollte. Auch diesen kostbaren Anzug verbot mir die Polizei respektive der Herr Zensor, weil nach elf Uhr abends Damen im Herrenanzug auf der Bühne verboten waren. Mit einem Wort, es war eine große Pleite mit meinem Debüt am Kabarett.

So einfach werden Sie mich nicht los, Herr Direktor

Der Herr Direktor hatte gar keine Lust mehr, mich auftreten zu lassen. »Das gibt es ja gar nicht«, sagte ich, »das wäre ja noch schöner, so einfach mir nichts, dir nichts eine Künstlerin wegschicken nach Hause. Da lachen ja die Hühner! Merken Sie sich mal, Herr Direktor, ich bin nicht zu beleidigen für acht Monate lang! Auch nicht durch Ihr unhöfliches Benehmen, weil Sie mich auf einmal nicht mehr grüßen, weil Sie mich auf einmal ganz los sein wollen, weil ich das Unglück hatte mit der Zensur! Ach nee, Herr Direktor! So einfach werden Sie mich nicht los. Sehen Sie meinen Kontrakt richtig durch. Vor Ablauf der acht Monate gehe ich nicht. Das wäre ja gelacht! Er schmiß mir drei neue Texte hin, die ich sofort lernen mußte. Texte, die die anderen Damen abgelehnt hatten. Er war wütend und würdigte mich keines Blickes. Ich probierte die Texte und Musiken. Morgens, mittags und abends arbeitete ich mit dem jungen Pianisten, der ebenso neu war wie ich in diesem Ensemble. Sein Name war Walter Kollo. Ein schmächtiges Kerlchen, wie ein Kandidat mit Brille. Ich lernte seine Musik mit ihm in einem kleinen, armseligen

Mietszimmer, wo er mit seiner jungen Frau und seinem kleinen Söhnchen Willi in der Potsdamer Straße am Bülowplatz wohnte. Er amüsierte sich königlich über meine Art und Weise, die Lieder zu singen, und er hielt mich für ein großes Talent. Ich lächelte ungläubig dazu.

Am Abend der Premiere war ganz Berlin anwesend im »Roland von Berlin«. Alles, was Beine hatte, war erschienen; von Giampietro und der Massary, von Julius Freund bis zur Belle Otéro, alle Sterne von den Berliner Bühnen. Die »Roland«-Premiere pflegte alljährlich der Auftakt der Berliner Saison im Herbst zu sein.

Das war ein Geraune und Gerede im Saal und eine Aufregung wie vor großen Konzertabenden, wie vor großen Theaterpremieren. Meine schönen, schicken Kolleginnen waren alle sehr aufgekratzt. Alle ihre Bekannten waren gekommen, und herrliche Blumenarrangements wurden hereingetragen.

Meine armen Freunde von der Bohème konnten nicht kommen aus begreiflichen Gründen.

Zeichnung: Walter Trier

Überhaupt, kein Aas kannte ich in der Menschenmenge. Mein funkelnagelneues Kleid aus braunem Samt mit der Schleppe hatte mir ein Modesalon vom Lützowplatz auf Abzahlung gepumpt, weil meine Freundin Anni für mich gutgesagt hatte. Ich saß still in einer Ecke der großen Garderobe, und niemand beachtete mich: Ich war ja in Ungnade und unerwünscht. Nur der junge Pianist Kollo nickte mir glückwünschend zu, mit toi, toi, toi! Es klingelte dreimal zum Anfang. Das Geraune und Gemurmel verstummte, der Conférencier erschien, ein schöner, weißhaariger alter Herr, Max Laurence, begrüßte im Namen der Direktion das illustre Publikum. Dann kam als erste Nummer der Wiener Hofschauspieler Rudolf Hock.

»Es ist Uwe, dein Sohn«, deklamierte er die berühmte Ballade mit großem Pathos. Als zweite Nummer kündigte der Conférencier meinen Namen an: »Eine junge, neue, noch ziemlich unbekannte, originelle Erscheinung am Himmel des Kabaretts, Claire Waldoff«, und zugleich kündigte er Walter Kollo an, »ein ebenso unbekannter, junger, neuer Komponist, der sie begleiten wird am Flügel.«

Dann kam die kleine, dünne, blasse Claire mit dem roten Mund vor den Vorhang, mit dem braunen Samtkleid mit Schleppe und sang ihr erstes Lied, ein Lied von Rudolf Bernauer:

Man ist nur einmal jung,
Drum wage ich den Sprung;
So'n bißchen, bißchen Hoppsassa,
Was ist denn dabei, Papa?
Ist man erst grau und alt,

Macht man von selber halt,
Dann ist's vorbei, vorbei, vorbei
Mit der Hoppsassa-, mit der Hoppsassa-,
Mit der Hoppsassasserei!

Nach der ersten Strophe war das Publikum verwundert
und amüsiert und belustigt über das winzige Monstrum mit
dem roten Wuschelkopf und über ihre eigenartige Stimme
und ihre Mimik. Aber nach den drei Strophen hatte sie die
Leute gefangen. Und ein donnernder Applaus belohnte
mich. Das zweite Lied war von Walter Kollo, das Lied vom
»Schmackeduzchen«:

Sie war so unnahbar und stolz,
Ihr Herz war hart wie Buchsbaumholz,
Er war vor Liebe krank,
Sie lachte, wenn er sang:
»Mein geliebtes Schmackeduzchen,
Komm zu deinem Enterich,
Laß uns beid' von Liebe plauschen
Innig, minnig, sinniglich.«

Dann kam nach jeder Strophe ein kleiner alberner Tanz: Ich
hob die lange braune Schleppe mit zwei Fingern zu einem
kleinen Ententanz und drehte mich mit wenigen Schritten
und mit todernstem Gesicht. Was ein Schmackeduzchen
eigentlich ist, habe ich später erst erfahren. Das muß eine
Art Schilfgewächs gewesen sein oder so etwas ähnliches.
Jedenfalls das Wort machte Furore und der Ententanz wohl
auch. Und die ganze kleine, ulkige Person überhaupt.

46

Es war ein Erfolg ohnegleichen. Ein Jubel, eine Verwunderung. »Wo ist sie denn her, die kleene Claire?« Alles lachte und freute sich. »Woher kommt sie denn?«

»Aus Kattowitz!»

»Haste Worte?« Man klatschte und trampelte.

»Claire, Claire!« schrie man. »Bis, Bis!« Es half nichts, ich mußte noch einmal singen. Ich sang ein berlinerisches Couplet:

Aujust, reg dir bloß nicht uff!

So wat jibt es nich!

Der Stern von Berlin und die Halbwelt

Und dann wieder derselbe Beifallssturm. Meine schönen Kolleginnen waren verschnupft und sahen mich mit anderen Augen an. Sie waren alle aufs Maul gehauen. Na, das Programm ging weiter. Die Stars und auch der Herr Direktor kamen jetzt alle ran und hatten auch ihren Applaus, aber ihre große Stimmung des Abends war futsch. Als das Programm zu Ende ging, fing der ganze Saal nochmals an, »Claire« zu rufen. Sie hörten gar nicht auf, es blieb nichts anderes übrig, als daß der Herr Direktor mich auf die Bühne holte. Die Leute verlangten stürmisch meine Lieder, »Man ist nur einmal jung« und das »Schmackeduzchen« mit dem Ententanz. Ich teilte glückselig mit dem Komponisten meiner Lieder, Walter Kollo, den Applaus und die Gunst des Publikums. Und der Herr Direktor war schon unterwegs zur Redaktion, die neuen Plakate des »Rolands« drucken zu lassen: CLAIRE WALDOFF, DER STERN VON BERLIN

In den ersten Tagen unseres neuen Programms ging es oft stürmisch zu. Ich war zu Anfang umstritten. Meine einfache Art, ohne Geste, nur auf Mimik, nur auf das Mienenspiel der Augen gestellt, war etwas Neues auf der Kabarettbühne. Meine Art war etwas anderes als die bisher gewöhnte Chantösen-Manier, die viel zuviel Bewegungen machte. Ich war und blieb die große Nummer in meiner Einfachheit. Ich war tatsächlich das Tagesgespräch von Berlin. Und so ein Bombengeschäft war noch nie da. Ich war glückselig mit meinen Freunden, mit meinen Malern.

Eines Tages erschien im Kabarett »Roland von Berlin« eine kleine, elegante Gesellschaft, die es auf mich abgesehen hatte. Die Hauptperson war eine dicke, elegante, ältere Frau, die mir nach meinem Auftreten eine schmeichelhafte Einladung zu einer Abendgesellschaft für den morgigen Abend bringen ließ. Sie würde mich durch ein Auto abholen und wieder hinbringen lassen – ins Kabarett. Es war die berühmte oder vielmehr die berüchtigte Ines S., der Mittelpunkt eines kriminellen Kreises der Berliner Unterwelt. Meine Freunde, Dr. Kopp, Chef der Berliner Kriminal- und Sittenpolizei, und sein Bruder, der Landrichter, hatten mich schon vor Wochen auf diese Kreise aufmerksam gemacht. Wie interessant für mich! Heute also war es soweit. Ich fieberte diesem neuen Erlebnis der Großstadt entgegen. Ich wurde in ein hochelegantes Haus geführt. Madame Ines stellte mich der Damenwelt als neuesten »Stern von Berlin« vor. Noch niemals habe ich so schöne, junge und elegante Frauen in Berlin gesehen. Eine war schöner als die andere. Man wußte gar nicht, welche man mehr bewundern sollte. Das Gesicht, die Figur oder den Schick dieser Schönheiten. Die einzigen anwesenden Männer waren Julius Freund und Josef Giampietro. Wir drei waren sprachlos, uns in dieser merkwürdigen, mondänen Gesellschaft zu sehen, und zwinkerten uns gegenseitig lächelnd zu. Es war von Anfang an eine sehr degagierte und sehr animierte Stimmung. Madame Ines war natürlich die Hauptperson und die Chefin des tollen Kreises. Es wurde herrlich getafelt, und der Champagner floß in Strömen.

Dann erhob sich Julius Freund alsbald zu einer geistvollen Rede, die das Metier der schönen Damen und ihrer Chefin in überaus witziger Weise durch den Kakao zog.

Leider mußte ich bald diese interessante Korona verlassen, um zu meinem Auftreten ins Kabarett »Roland« zu eilen.

Als ich nach meinem Auftreten die schönen, jungen, eleganten Demimondänen nach anderthalb Stunden wiedersah, fand ich einen Haufen total betrunkener junger Damen mit wirren Haaren, lallend, mit derangierten Abendtoiletten, grölend – ein Chaos, ein Geschrei, ein Gejohle. Ich drückte mich schleunigst heimwärts. . .

Das war die erste Begegnung mit der Berliner Halbwelt, die mir unvergeßlich bleiben wird.

Ich sang damals acht Monate im Berliner »Roland«. Nach Schluß der Saison hatte ich bereits einen neuen Vertrag für die kommende Saison mit der doppelten Gage bei der Konkurrenz abgeschlossen, am »Linden-Cabaret«, Unter den Linden 22. Anschließend ging ich auf Gastspiel mit dem Rudolf-Nelson-Ensemble nach Frankfurt am Main, wo ich im Etonboy-Kostüm mit meinen Liedern auftrat und frenetischen Beifall erntete.

Im Laufe des Monats besuchte mich meine liebe Mutter, die ich so lange nicht mehr gesehen hatte. Sie hatte einen schönen Platz in den vorderen Reihen und war sehr aufgeregt, ihr Kind auf der Bühne zu sehen. Sie hatte nicht viel Glück mit den vielen Kindern gehabt, ach nein. Und als ich auf die Bühne kam und das Publikum mich mit großem Applaus begrüßte, fing die Mutter zu schluchzen an vor Freude, und die Tränen stiegen ihr hoch. Sie weinte! Sie winkte mir mit ihrem großen Taschentuch zur Bühne herauf, und ich höre immer noch Mutters glückselige, gerührte Stimme zwischen Lachen und Weinen zu den Nachbarn laut sagend, in den Beifall hinein: »Das ist ja mein Kind, das ist ja mein Kind!«

Ach liebe, liebe Mutter! Endlich hat dir eines deiner Kinder Freude gemacht, nachdem du so viel Kummer im Leben hattest. Den Vater habe ich nie wiedergesehen. Er war ein interessanter, kluger Kopf. Er ging seine eigenen Wege, seit ich zum Theater gegangen war. Ich habe immer zu Mutter gehalten, aber sie ist dann bald gestorben. Sie hat mir noch einmal, ein letztes Mal, einen Apfel, mit einem 20-Mark-Goldstück eingeklemmt, zugeschickt, mit einem Briefchen des Inhalts: »Liebes Kind, hier schicke ich Dir mein Letztes.« Die liebe, gute, mir immer unvergeßliche Mutter. –

Eigentlich für sie habe ich immer das Lied gesungen »Mutterns Hände«. Den Text schrieb mir Kurt Tucholsky, die Musik Claus Clauberg:

Hast uns Stulln jeschnitten
Un Kaffe jekocht

Un de Töppe rübajeschohm –
Un jewischt und jenäht
Un jemacht und jedreht...
Alles mit deine Hände.

Als »Rosine« im »Linden-Cabaret«

Berlin nahm mich dann ganz gefangen. Ich sang jahrelang
Unter den Linden allabendlich halb zwei Uhr nachts im
»Linden-Cabaret«. Ich war die sogenannte Rosine im Programm der internationalen Weltstadt. Man erschien erst zu
meinem Auftreten nach dem Theaterbesuch und dem Souper bei Hiller oder bei Dressel Unter den Linden, und hin-

Plakat von Jo Steiner, 1914

51

terher wurde die ganze Nacht in der leichtlebigen, spring-
lebendigen, noch jungen Weltstadtmetropole gebummelt.
Ich kenne viele internationale Menschen, die das Nachtleben von Berlin amüsanter und toller fanden als das des
damaligen Paris.

Meine Lieder wurden von ganz Berlin gesungen. Es
waren die Schlager:

Wenn der Bräutjam mit der Braut
So mang de Wälder jeht,
Wenn der Weizen übern Meter
Uff de Felder steht,
Dann is alt und jung
Mächtig uff'n Sprung.
Wenn der Bräutjam mit der Braut
So mang de Wälder jeht,
Wenn der Weizen übern Meter
Uff de Felder steht,
Dann schreit jroß und kleen:
»Och, wie is det schön!«

und

Was liegt bei Lehmann unterm Apfelbaum?
Ein Kind, ein Kind, ein Kind!
Was lacht so quietschvergnügt und lutscht am Daum'?
Det Kind, det Kind, det Kind.
Nu sag mal bloß, wer hat'n Storch verkohlt
Mit's Kind, mit's Kind, mit's Kind?
Es ist bestellt und ist nicht abgeholt,
Det Kind, det Kind, det Kind!

und

    Nach meine Beene ist ja janz Berlin verrückt,
    Mit meine Beene hab ick manches Herz jeknickt.

Es war die Zeit meines Lebens, wo ich am frechsten war, am übermütigsten auf der Bühne. Das Publikum, die internationale Welt, die sich in Berlin ein Rendezvous gab, konnte sich auf den Kopf stellen: Ich sang nur drei Lieder, ob sie noch so lange klatschten, ob sie noch so lange trampelten, ob sie »Bis, Bis!« riefen – ich kam nicht mehr. Es wurde dunkel gemacht, ganz gleich, ob die Leute noch warteten … Ich war eben eine »dolle Bolle« geworden, wie der Berliner sagte. Ich fing an, die Berlinerin zu werden, ein Prototyp der Berliner, ein Repräsentant des modernen Berlin. Das war auch die Zeit, wo mein »Hermann«, mein Standardlied, zu blühen anfing:

    Hermann heeßt er,
    Mit de Knie stößt er,
    Hermann heeßt er!

Wieviel hunderttausendmal mag ich dieses Lied wohl gesungen haben? Immer stürmisch verlangt! Jahrzehntelang, jahrzehntelang, nicht nur in Berlin, in allen Städten. Wenn einer jemals von Berlin sprach, dann kam mein Name aufs Tapet, dann wurde »Hermann heeßt er« gesungen.

    Mein Berlin – Du Zauberstadt! Du hast nicht die herrliche architektonische Schönheit von Paris – bist auch nicht Roma aeterna – bist in kärglicher Schönheit auf märki-

schem Sand gebaut, bist zu schnell groß geworden – aber: Du bist einzig – in Deiner erregenden Atmosphäre, in Deiner unerhörten Arbeitskraft, in Deiner großartigen Geistigkeit – Du Stadt der herrlichsten Schauspieler bist einzig in Deinen herben, plastischen, kessen, treffenden Redensarten, die so kühn sind mit ihren verwegenen Sprachbildern – und hast dabei doch das zarteste, gütigste Herz. Dein Heiliger ist Heinrich Zille, der große Künstler und Menschenfreund. Unvergessen lebt er weiter im Berliner Volke aller Schichten, solange Berliner Herzen schlagen. – Du geliebteste, lebendigste, herzlichste und schmissigste aller Städte. –

Du mein herrliches Berlin.

Deine getreueste Berlinerin
Claire Waldoff

Und dann nach London

Eines Tages kam die schöne spanische Tänzerin »La bella Leonora« in den Berliner Wintergarten und tanzte dort mit ihrer Compagnie.

Sie ist eine der entzückendsten und charmantesten Frauen, die ich kenne. Durch diese Künstlerin lernte ich den berühmtesten Showman der Welt, Mr. Charles B. Cochran, kennen, der mich für die Season im Mai nach London an das große Varieté »Empire« am Sharing Cross engagierte mit einer märchenhaften Gage. So lernte ich London kennen. Ich wohnte bei Mr. Cochran und seiner reizenden Frau in Kensington. In wenigen Tagen mußte ich die neuen englischen Texte lernen, die für mich bei ihm geschrieben wurden. Ich sah wie ein Floh aus auf der großen fünfrangigen Bühne. Ich sang englisch und deutsch. London war für mich ein großes Erlebnis. Mr. Cochran und Frau sind für mich immer Freunde geblieben. Hier eins der Gedichte, die man mir in London widmete:

Claire Waldoff

The living thought we should not think,
The flesh and blood of »not a word!«
The incarnation of a wink,
The latest story (best unheard)
In human shape, upstanding bare –
That's Claire!

The Puck of every known delight,
The imp of every form of fun;
The breathing mem'ry of a night
Whoose moon has mingled with the sun;
The heart and soul of all we dare –
That's Claire!

London »The Moth«

Oskar Kokoschka: Claire Waldoff, 1916

Nach einem Jahr brach der Erste Weltkrieg aus. Die Heimat, die Theater »stellten sich auf den Krieg um«, und das Lieblingslied der Feldgrauen im Weltkrieg wurden mein Lied vom »Hermann heeßt er« und das Lied vom »Bräutjam mit der Braut«. Hunderttausende meiner Grammophonplatten gingen an die Front, und in allen Kriegsbüchern schwirrte mein Name (z. B. Joachim von der Goltz: Der Baum von Clery) usw. Hatten sich's die Herren Zensoren anders überlegt, oder? Bis auf den heutigen Tag ist »Hermann heeßt er« mein größter Schlager geblieben und schlägt auch bis zum heutigen Tag alle Lieder meines Repertoires.

Als erstes »Kriegsstück« spielte das Theater am Nollendorfplatz »Immer feste druff« von Walter Kollo und Willi Wolff. Ich spielte die Rolle der Portiersfrau. Bei der Generalprobe hatten wir alle einen furchtbaren Krach miteinander. Und alles lief vor Wut auseinander, ehe die Generalprobe zu Ende war. Trotzdem war es am nächsten Tag ein Bombenerfolg. Ich kam als Portiersche aufs Schlachtfeld in Frankreich. Na, die Berliner haben sich auf alle Fälle großartig amüsiert, so unwahrscheinlich die Situationen in diesem Stück auch waren. Der Hauptschlager war mein Lied, mein Duett mit meinem Soldatenmann:

Warum sitzt de denn so traurig auf de Banke?
Warum trittst de mir so zärtlich auf'n Fuß?
Hörst du nicht, wie meine olle jute Panke
Flüstert mir den allerletzten Scheidegruß?
Lebe wohl, ich muß jetzt von dir ziehn,
Bleib mir treu, wenn dir's auch schwerfällt in Berlin!

Lebe wohl, ich muß jetzt von dir ziehn,
Bleib mir treu, wenn dir's auch schwerfällt in Berlin!

Dann holte mich das Metropoltheater, Direktor Richard Schultz, 1914 für seine Revue »Woran wir denken« von Dr. Leo Leipziger als Partnerin für Guido Thielscher. Wir paßten wunderbar zusammen. Unser Duett

Waldemar, Waldemar, Waldemar!
Mein süßes Miezchen,
Mein süßes Miezchen,
Waldemar, ach, es liebt sich wunderbar
Auch in Galizien, auch in Galizien!

war bald in aller Munde. Fritzi Massary spielte die Hauptrolle in der »Zigeunerin im Zigeunerwagen«. Wir waren gläubige Künstler, zu gläubig, dünkt mir jetzt. Die langen Verlustlisten kamen erst später.

Dann kreierte ich am Nollendorftheater Walter Kollos Singspiel »Drei alte Schachteln« von Rideamus. Das war die erste große berlinische Operette, mit Potsdamer Milieu, ein Ereignis am Theater. Nicht nur für den Komponisten Walter Kollo und für Rideamus, der das ausgezeichnete Libretto geschrieben hatte, sondern auch für den Bühnenbildner Prof. Ernst Stern, für die Dekoration und die geschmackvollen Kostüme und für die glanzvolle Starbesetzung mit Eduard Lichtenstein, für Grete Freund und mich.

Es war ein großartiger Erfolg. Als Köchin Auguste sang und tanzte ich nach Herzenslust. Ich habe tausendmal die

Claire Waldoff und Richard Lenius in »Drei alte Schachteln«,
Nollendorf-Theater, Berlin, 1917

59

Auguste in »Drei alte Schachteln« hintereinander gespielt. Das Stück wird auch dann und wann noch gespielt auf den Bühnen Deutschlands und Österreichs, und das Couplet der Auguste »Ach Gott, was sind die Männer dumm« wird auch heute noch oft von mir auf der Bühne verlangt.

Großstadt mal anders rum

Wir verschwanden auch manchmal dahin, wo sich eine sehr gemischte Gesellschaft zusammenfand. Künstler von der Bühne, wie Durieux, Paul Cassirer, Gertrud Eysoldt, Paul Graetz etc., die Frauen in Überzahl, die Männer sehr vereinzelt, besuchten wir den »eingeschriebenen Verein« mit Namen Lotterieverein »Die Pyramide«. Der Vorstand waren ältliche Dämchen in der Schwerinstraße, im Westen nahe am Nollendorfplatz. Man mußte durch drei Haustore gehen, bis man ins verschwiegene Eldorado der Frauen kam, Entree 30 Pfennig, vier Musiker mit Blasinstrumenten spielten die verbotenen Vereinslieder. Ein Saal, mit Girlanden geschmückt, bevölkert von Malerinnen und Modellen. Von der Seine sah man bekannte Maler; schöne, elegante Frauen, die auch mal die Kehrseite von Berlin, das verruchte Berlin, kennenlernen wollten, und verliebte kleine Angestellte; und Eifersüchteleien gab's und Tränen am laufenden Band, und immerzu mußten die Pärchen verschwinden, um ihren Ehezwist draußen zu schlichten. -
Zum soundsovielten Male ertönte im Laufe des Abends die berühmte »Cognac-Polonaise«, die man auf dem Tanzboden knieend, mit dem gefüllten Cognac-Glas vor sich zele-

brierte. Bei dem unparlamentarischen Text dieser Polonaise sträubt sich meine Feder… Zwischendurch erschienen, mit großem Hallo begrüßt, die Koryphäen der damaligen Zeit: die hinreißende Tänzerin Anita Berber und Celly de Rheydt und die schöne Susu Wannowsky und ihre Korona. Jeden Montag stieg diese »Pyramide« in der Schwerinstraße um neun Uhr abends; es war das typische Berliner Nachtleben mit seiner Sünde und seiner Buntheit.

Gutsbesitzerin in Schmargendorf

Es war kurz vor dem Ersten Weltkrieg, da habe ich mir eine Laube gekauft. Sie war am Bahnhof Schmargendorf an der Gasanstalt. Die Laubenkolonie trug den holden Namen »Schmargendorfer Alpen«, sie lag am Rande der Großstadt noch vor Schöneberg, die schöne Luft des Grunewalds kam abends rüber. Mein Nachbar dort war Lehrer, mein Vis-à-vis war eine Schornsteinfegerfamilie. Es waren fleißige Menschen. Das war ein Wassergehole abends, wenn das Gemüse begossen werden mußte und die Blümchen und die Erdbeeren und die Kartoffeln. Die Netze und Taschen waren gefüllt mit Flaschen mit »Berliner Weiße«. Als wir eines Tages zum Abendbrot Appetit auf Setzeier und Rühreier hatten, merkten wir, daß wir keine Kochgelegenheit hatten! Am nächsten Tag zog ich aus, um ein Öfchen für meine Laube zu erstehen, ein eisernes Öfchen mit einem Ofenrohr. Auf einen kleinen Wagen wurde mein Öfchen aufgeladen in der Stadt, und ich ging stolz neben meinem Wägelchen durch ganz Schöneberg einher zu

meiner Laube in den Schmargendorfer Alpen, und es wurden mal wieder zur Einweihung sechs »Berliner Weiße« mit Schuß in die großen Gläser geschüttet und das neue Öfchen damit begossen. Viel Besuch bekam ich in meinen Schmargendorfer Alpen: Nelson und Käthe Erlholz und viele arme schwitzende Großstädter fanden sich bei mir an den Sommerabenden ein, um die gute Luft des Grunewalds zu genießen. Es wurde Kaffee gekocht und manches Kartenspielchen stieg, bis wir alle wieder in der Großstadt an unsere verschiedenen Arbeitsstätten mußten.

Allein auf dunkler Bühne

Eines Tages war ich an einem Sommerabend nach der Vorstellung im Kabarett für eine große Gesellschaft engagiert. Ich fragte den Direktor, ob ich an dem fraglichen Abend ausnahmsweise schon um zehn Uhr auftreten könne. Er sagte ja. Als aber der Abend herankam, weigerte sich der Direktor, mich früher, wie verabredet, auftreten zu lassen. Ich schickte zu ihm, daß der heutige Abend der bewußte extra erlaubte Sonnabend für die Privatgesellschaft sei und daß ich jetzt gleich auftreten müßte.

Der Herr Direktor beharrte auf seiner Weigerung, mich gleich singen zu lassen, und ließ mir sagen, es bliebe bei meinem Auftritt wie immer. Voll Wut ließ ich ihm sagen, daß ich jetzt sofort aus eigener Initiative auftreten würde. Bald darauf verbot der Herr Direktor dem gesamten Bühnenpersonal, meine Nummer zu bedienen. Dem Pianisten wurde verboten, mich zu begleiten, dem Bühnenmeister, das Licht der Rampe einzuschalten zu meinem Auftritt, so daß ich, als ich selbst den Gong zu meinem Auftritt schlug, im Finstern stand, ohne Rampenlicht, ohne Scheinwerfer, ohne jede Begleitung und den Vorhang selbst aufzog, zu meinem Auftritt das Publikum selbst begrüßte und die Situation mit einigen fröhlichen Worten aufklärte und meine Lieder sang, ohne jede Musik.

Das Publikum amüsierte sich königlich. Beim dritten Lied erschien der Direktor, wütend, pustend und schwer atmend, mitten durch das Publikum. Ich lachte ihn von der Bühne herunter aus und sang meine Lieder zu Ende, unter großem Hallo, zog den Vorhang wieder zu und verschwand zu meinem Wohltätigkeitsfest.

Am andern Tag waren Freunde von mir im Kabarett. Der herrliche Dichter Joachim Ringelnatz und die ebenso herrliche Malerin Auguste von Zitzewitz. Es gibt Tage, an denen die Künstler der Haber sticht. Das war so ein Tag. Meine Olly, die schon seit Jahren mein Leben teilt, war auch da. Sie ist eine Baronesse Olga von Roeder, eine Schwäbin, ihre Mutter ist Amerikanerin, eine Tochter des sehr berühmten amerikanischen Tragöden Lawrence Barrett aus Boston. Olly war schon wegen des Kraches mit dem Direktor von gestern mitgekommen, und ich spendierte den beiden Damen und meinem Dichterfreund Ringelnatz zur Feier zwei Bouteillen Deutz und Geldermann.

Aus Jux sagten wir, Auguste von Zitzewitz sei die Königin von Dänemark. Sie sah auch sehr vornehm in Schwarz aus. Ihre Mutter war vor einem Jahr gestorben. Ringelnatz und Olly machten die Honneurs. Die beiden gaben furchtbar an vor den Kellnern und vor dem Publikum und dienerten vor

Olly von Roeder

der Königin von Dänemark, und Königliche Hoheit hin und Königliche Hoheit her schwirrte nur so herum. Es war schon ein großes Aufsehen um den Künstlertisch. Die sogenannte Königin radebrechte deutsch, und die animierte königliche Gesellschaft sprach heftig dem Wein zu.

Der Direktor hatte mittlerweile von dem hohen Besuch gehört, und er erschien mit einem fabelhaften Blumenstrauß, um der Königin seine Aufwartung zu machen. Er schwitzte vor Aufregung und küßte Ihrer Majestät die Hand, was ganz verkehrt und gar nicht nach der Etikette war. Er ließ die dänische Nationalhymne spielen, aber keiner der Beteiligten kannte die Hymne. Ich sprach den ganzen Abend überhaupt kein Wort mit dem Direktor wegen seines gestrigen Benehmens.

Verbeugungen von allen Seiten vor der hohen Frau. Einer rannte vor der Majestät her, der andere raste schon zur Wagentüre vom Auto hin - endlich hatte ich die leichtbeschwipste Gesellschaft im Auto glücklich beieinander.

Aber die beiden Hauptakteure der königlichen Eskapade spielten noch lange berauscht und selig ihre Rollen im Auto weiter, beflügelt vom Champagner, als trügen sie wirkliche Kronen wie die Königin und der Dichter.

Aber so, wie ich hier meinen Freund Ringelnatz vorstelle – so war er an »Feiertagen«. Ich gestehe, er war es, der mit seinen Worten uns oft ernst stimmte, und von »immer feste druff« war dann nicht die Rede. Drei Gedichte habe ich noch von ihm, die ich hier anfügen möchte.

An meine Gratulanten

Ja, es war und Nein, es war nicht.
Wie ein Traum ging es dahin.
Soviel Danke gibt es gar nicht,
Wie ich nunmehr schuldig bin.

Meinem fünfzigjährigen Leben
Ist es ein gewisser Trost:
»Selbstbelohnt ist alles Geben.«

Ungern wird mein Dank verlost.
Nur Gedanken danken richtig.
Doch mir folgt die Sprache nicht.

Liebe macht das Leben wichtig.
Liebe schrieb auch dies Gedicht.

Berlin
(An den Kanälen)

Auf den Bänken
An den Kanälen
Sitzen die Menschen,
Die sich verquälen.

Sausende Lichter,
Tausend Gesichter
Blitzen vorbei: Berlin.

Übers Gewässer
Nebelt Benzin…
Drunten wär's besser.

Hinter der Brücke
Flog eine Mücke
Ins Nasenloch.
Loch meiner Nase,
Nasenloch, niese doch
In die stille Straße!

Auf dem Omnibus, im Dach
Rütteln meine Knochen,
Werden gute Worte wach,
Bleiben ungesprochen.--

Ach, da fällt mir die alte Zeitungsfrau ein –
Vanblix oder Blax soll sie heißen –
Die hat ein so seltsames Schütteln am Bein,
Daß alle Hunde sie beißen -

An den Kanälen
Auf den dunklen Bänken
Sitzen die Menschen, die
Sich morgens ertränken.

Margo Lion und Claire Waldoff in der Charell-Revue »An alle«,
Großes Schauspielhaus, Berlin 1924

Und ein Geburtstagsgedicht:

Geburtstagsgruß

Ach wie schön, daß Du geboren bist!
Gratuliere uns, daß wir Dich haben,
Daß wir Deines Herzens gute Gaben
Oft genießen dürfen ohne List.
Deine Mängel, Deine Fehler sind,
Gegen das gewogen, harmlos klein.
Heut nach vierzig Jahren wirst Du sein:
Immer noch ein Geburtstagskind.
Möchtest Du: nie lange traurig oder krank
Sein. Und: wenig Häßliches erfahren.
Deinen Eltern sagen wir unseren fröhlichen Dank
Dafür, daß sie Dich gebaren.

Gott bewinke Dir
Alle Deine Schritte:
Ja, das wünschen wir
Deine Freunde und darunter (bitte)
Dein (Joachim Ringelnatz)

Ich war im Jahr ungefähr sechs Monate hintereinander in
Berlin engagiert. Die andere Hälfte des Jahres war ich auf
Gastspielen im Reich, jeden Monat irgendwo: in Dresden
oder Leipzig, in Köln oder in Königsberg, in Hamburg
oder in Hannover, in Frankfurt am Main oder in Stuttgart.
Manchmal fuhren wir auch mit einer ausgezeichneten
Künstlerschar täglich in andere Städte, ununterbrochen auf
Tournee.

Indessen ging der Weltkrieg seinem Ende zu. Der Kaiser floh nach Holland, die besiegten Heere wurden von Hindenburg zurückgeführt; es war ein Durcheinander in allen großen Städten Deutschlands. Ein Volk hatte den Krieg verloren. Berlin glich einem Tanz auf dem Vulkan, Spielklubs, Nacktänze schossen wie Pilze aus der Erde, und für die Vergnügungslokale war eine tolle Zeit. Doch in den Hinterhöfen sah es anders aus.

Mit Olly in Paris

Wir, Olly und ich, sehnten uns raus in die freie, große Welt, nachdem wir so lange von anderen Völkern abgeschlossen waren. Drum galt unser erster Besuch Paris. Unvergeßliche Tage verlebten wir dann, ganz der Schönheit der Stadt Paris hingegeben und ihrer Kunst. Wir gewannen neue Freunde dort in dieser märchenhaften Stadt, viele Künstler, und trafen dort auch liebe Freunde aus der Heimat. Wir hatten einen großen Eindruck von den internationalen Künstlern, wie zum Beispiel von dem russischen Schauspielerpaar George und Ludmilla Pitoeff. Wir werden auch niemals im Leben die wunderbare Vorstellung von Sacha Guitrys »Mozart« mit Yvonne Printemps vergessen. Natürlich war auch die unerreichte, unverwüstliche Mistinguett auf unserem Programm und der ganze Montmartre. Paris war und blieb das Erlebnis für uns. Schwer trennten wir uns von der »Ville lumière«.

Nach Berlin zurückgekehrt, wurde ich für die neue große Revue von Erik Charell im Großen Schauspielhaus in Berlin engagiert, mit meinen Liedern im Solo und in einer Panoptikums-Szene als »Halb-Mann, Halb-Frau«.

Hier sang ich zum ersten Male mein neues, inzwischen berühmt gewordenes Lied:

Claire Waldoff
die Berliner Kabarettkönigin

„Warum soll er nicht mit ihr vor der Türe stehn?" . .

Warum soll er nicht mit ihr vor der Türe stehn?
Warum soll er nicht mit ihr mal konditern gehn?
Warum soll er nicht mit ihr,
Wehn die Frühlingslüfte zart,
Machen mal uff de Spree eene Mondscheinfahrt?
Warum soll er nicht mit ihr mal 'n Witz riskiern,
Warum soll er nicht mit ihr mal die Liebe spür'n?
Warum soll er nicht mit ihr?
Warum soll er nicht mit ihr?
Tja, ick weeß et nich, die Mutter, die is nich dafür.

Dieses Lied »Warum soll er nicht« und »Hermann« werden wohl noch ewig gesungen werden, wenn ich schon längst verschwunden bin.

In diesen Revuen waren die ersten Namen der Berliner Künstler vertreten: Marlene Dietrich, Cordy Millowitsch, Wilhelm Bendow, Hans Wassmann, Julian Fuhs, Albert Kutzner usw.

Es war ungefähr 1925. Die Revuen von Charell im Schauspielhaus waren die großartigsten von Berlin. Wunderschöne Frauen, wunderschöne Girls und Boys, internationale Musiken, herrlichste Ausstattung, Orchester und großartigste Artistik. Es war im schönsten Sinne eine weltstädtische Show und die ganzen Jahre über ausverkauft.

Die Maler Walter Trier und Oskar Kokoschka porträtierten mich. Sie befanden sich auf der Höhe ihres Ruhmes und waren mit Recht überall gesucht.

Von der Bowle »La Plata d'Amour«, von lästigen Korsetts, von fetten Kapaunen

Die Berliner Künstler und Künstlerinnen waren, wie die Künstler in aller Welt, stets große Verehrer von einem guten Happen-Pappen und »leichtem Umtrunk«. Oft war ich das Haupt einer solchen fröhlichen und trinkfreudigen

Hans Wassmann, Curt Bois, Claire Waldoff, Wilhelm Bendow und Erika Glässner, Besetzung der Charell-Revue »Von Mund zu Mund«, Großes Schaupielhaus, Berlin 1925

74

Rasselbande. Und wenn Claire zu einer solennen Fresserei einlud, dann waren alle Fresser pünktlich zur Stelle, weil sie wußten, es gab was besonders Gutes im Hause Waldoff.

Meine schönen Kolleginnen wie Else Berna, Anni Vara etc. zogen schleunigst zuerst mal ihre eleganten Kleider aus. Die enggeschnürten Korsetts flogen in eine Ecke: Sie nahmen sich leichte Teagowns aus meinen Schränken, um sich unbelastet dem lukullischen köstlichen Mahle ganz und gar hinzugeben. Nach einem kleinen Cherry stieg dann allererst mit Andacht ein Glas der berühmten Bowle »La Plata d'Amour«, bestehend aus drei Bouteillen Beaujolais Fleurie und fünf geschälten und gewürfelten Apfelsinen und drei Bouteillen Champagner »Vix Bara« von Borchardt und dem Saft von zwei Zitronen. Dieses köstliche Gesöff, eines der himmlischsten Getränke dieser Erde, schlürfte jeder mit verdrehten Augen, sein Glas bis zur Neige leerend, und dann schrieen alle auf einmal durcheinander vor Entzücken. Alle hatten gleich einen mächtigen Schwips auf ihren hungrigen Magen hin. Claire, der Hausherr, eröffnete die Reihe der Trinksprüche mit seinem berühmten Burgunderspruch. Feierlich erhob ich mich, und alle Freunde folgten; sie standen auf und verbeugten sich tief mit mir vor den Bouteillen und wiederholten im Chor jede Zeile meines Burgunderspruches:

Wie prangt er im Glase!
Wie jagt er ins Blut!
Legt den auf die Nase,
Der nicht auf der Hut!
Wer traurig, wird fröhlich –

Wer krank, wird gesund!
Verzweifelte selig –
Beim Wein von Burgund!

Dann setzten sich alle und schwatzten und lachten durcheinander; denn mit großem Jubel wurde jetzt für jeden ein
Tablett mit zwei Dutzend Austern serviert. Die Freunde
tranken sich zu, denn ich hatte Römer mit Rheinwein
gefüllt und zitierte das schöne Gedicht von Storm:

Der Nebel steigt, Es fällt das Laub.
Schenk ein den Wein, den holden.
Wir wollen uns den grauen Tag
Vergolden, ja vergolden!!!

Alle wiederholten die letzten zwei Zeilen mit seligen
Gesichtern und schwenkten ihre Römer. Jetzt erschien
Idka, meine gute alte Köchin, mit dem Hecht, gespickt, mit
Sahnensauce, einem Rezept von Elsa Herzog, weiland
Mode-Redaktrice der BZ. Es schloß sich dann würdig die
großartige Poularde an, gefüllt mit Trüffeln und Kastanien.
Meine gute Idka wurde mit Lobpreisungen überhäuft. Sie
hatte mal wieder himmlisch gekocht, und alle waren selig
und glücklich und animiert, es mundete ihnen herrlich. Es
ist wahr: Die Künstler sind die größten und dankbarsten
Genießer. Da ich das Singen nun mal nicht lassen konnte,
stieg mal wieder eines meiner Leib- und Magenlieder. Der
Refrain mußte im Chor mitgesungen werden. Ich sang:

Wütend wälzte sich im Bette
Kurfürst Friedrich von der Pfalz.
Gegen alle Etikette
brüllte er aus vollem Hals:
War das nicht ein schönes Fest! Vallera.
Alles wieder voll gewest! Vallera.
War das nicht ein schönes Fest!
Alles wieder voll gewest!
Hatten etwas voll geladen,
meinte drauf der Kammer-Mohr.
Selbst von Mainz des Bischofs Gnaden
kamen mir benebelt vor.
's war halt doch ein schönes Fest! Vallera.
Alles ringsum voll gewest! Vallera.
's war halt doch ein schönes Fest!
Alles wieder voll gewest!

Die Stimmung war auf dem Höhepunkt, unsere geliebte
Bowle »La Plata d'Amour« hatte ihre Schuldigkeit getan.
Alles schwelgte im siebenten Himmel; dankbar begrüßt
wurde dann die berühmte Mozartbombe von Meister Tel-
schow, mit Hohlrippen: eine Götterspeise mit Vanille und
Erdbeereis und mit Borkenschokolade garniert. Schon duf-
tete uns aus dem Nebenzimmer der liebliche Mokka entgegen, und es winkten die Flaschen mit den herrlichsten Li-
kören. Idka traf bereits Vorbereitungen zum Familienmau-
schelstamm. Als wir mitten im Kartenkloppen sind, da läu-
tet es, und es erscheint eine Angestellte aus dem schönen
Wäschegeschäft Braun, Unter den Linden, Ecke
Wilhelmstraße, und bringt eine Auswahl märchenhafter

Damenwäsche mit der Bemerkung, sie käme die nächsten Tage wieder vorbei, da sie die Spielgesellschaft nicht stören wolle. - Dies wurde mir zum Verhängnis; denn eine Stunde später hatte ich mein ganzes Bargeld verspielt und obendrein nun auch noch die ganze teure Kollektion der kostbaren Braunschen Lingerie; in meinem Galgenhumor habe ich meinen Kollegen übermütig die herrliche Damenwäsche um den Hals gehängt, und mir blieb nichts anderes übrig, als fröhlich die Preiszettel von Braun einzusammeln und in den nächsten Tagen zu berappen. Ich verabschiedete meine lieben Gäste mit dem tröstlichen Zuruf:

Wir wollen nicht
weich werden!
Noch hängt
die Hose nicht
am Kronleuchterl

Heinrich Zille: Claire

78

Erstes und letztes Börsenabenteuer

In Hamburg im »Erdener Treppchen«. Es war so ungefähr 1923. Es war die Zeit der größten Inflation. Die Jahre der Billionen. Astronomische Zahlen für die Fahrt mit der Elektrischen und für ein Brot.

Am Tag vorher hatte ich auf einem kleinen Wägelchen viele gebündelte Pakete Billionenscheine hinter mir hergezogen, um mir einen kleinen Hut zu erstehen; es war gerade Gagetag gewesen. Ein Paket Billionenscheine sahen wir von ferne auf der Straße liegen, als wir uns umdrehten; wir hatten es unterwegs verloren, aber lächelnd gingen wir weiter, denn wer weiß, ob es morgen noch etwas wert ist??

»Ach was! Ach was, ihr lieben irrsinnigen Freunde«, sagte ich zu meinen Kollegen, »wir wollen uns heute trotz der Misere einen guten Tag machen. Laßt uns essen und trinken; denn morgen sind wir tot. In dieser großen Pleitezeit wurde ich plötzlich leichtsinnig. Ich zitierte Heinrich Heine: »Hätt' uns nicht den holden Leichtsinn die Natur verliehn!« Ich beschloß, mein einziges Börsenpapier zu verkaufen. Es war »Vogeldraht-Stettin«. Ich habe nie eine Ahnung von der Börse gehabt. Es war an einem Sonntag, und Olly und die Kollegen konnten sich ja dann zum Montag was Schönes wünschen und kaufen. - Eitel, wie die Evastöchter sind, waren sie für Schmuck und nur was Schönes zum Anziehen. Olly wünschte sich in ihrer angeborenen Bescheidenheit die schon lang ersehnten Brillant-Boutons für die Ohren, und Tatjana Barbakoff, unsere aparte Tänzerin, wollte liebend gern ein schönes, elegantes Sommerkleid haben. Meine Herren Kollegen wollten jeder eine weiße Flanellhose haben und ein Paar Halbschuhe. Wir waren alle in gehobener Stimmung auf meinen Börsenverkauf hin, und es stieg bereits die vierte Flasche »Erdener Treppchen«. Es schmeckte uns mal wieder himmlisch! Jeder sah sich schon im Besitz seiner Wünsche: Alles lachte vor Seligkeit. Siegesgewiß ging ich ans Telefon und rief heute am Sonntag einen befreundeten Bankier an. »Lieber Freund, bitte, wie hoch steht heute ›Vogeldraht‹ ?« Lange Pause. Endlich kam seine Antwort: Sie war ein Schlag ins Kontor! Wahnsinnig gefallen heute nacht – »Um des Himmels willen!« Ganz langsam und geknickt und mit leichter Schlagseite vor Entsetzen schwankte ich zu meiner Gesellschaft zurück. – Armer irrsinniger Freund! Alles ist futsch! Alles ist hin – Futsch sind Ollys ersehnte Brillant-Boutons, futsch Tatjanas reizendes Sommerkleid. Futsch die weißen Flanellhosen meiner Kollegen und die Halbschuhe. – Geblieben sind nur die sechs leeren Flaschen und die große Rechnung für mich. Ich hob die Tafel auf an diesem Sonntag. Wir sangen alle den Refrain meines neuesten Couplets:

Wer schmeißt denn da mit Lehm?
Der sollte sich was schäm'!
Der sollte auch was anderes nehm'
Als ausgerechnet Lehm!

Mein Freund Endrikat

Mit Fred Endrikat verband mich eine tiefe Freundschaft.
Unsere Geburtsstädte lagen nebeneinander. Ich war aus
Gelsenkirchen, er aus Wanne-Eickel. Ich nannte ihn mei-
nen Kumpel; wir stammten beide aus dem »Kohlenpott«.
Er hat mir seine Bergmannsgedichte gewidmet, z. B. »Die
Bergmannskuh«.

Wenn ich eine Ziege seh,
muß ich an zu Hause denken.
Höre ich das traute Mäh,
kann ich mich zurückversenken
in die Zeit der bloßen Füße.
Vor mir seh ich Hof und Feld.
Tiere bringen ihre Grüße
aus der bunten Kinderwelt.
Wenn ich eine Ziege seh,
denk ich an zerriss'ne Hosen,
und zum Dank für jedes Mäh
möcht ich ihren Bart liebkosen.
Friedlich grast die Bergmannskuh
unter Silberbirkenstämmchen.
Gab uns Milch und noch dazu
um die Osterzeit ein Lämmchen.
Die Kaninchen, Täubchen, Entchen,
Stare, Spatzen, groß und klein,
bringen mir ein lustig Ständchen,
selbst der Kater stimmt mit ein.
Lieblich klingt das weiche Mäh,
Heimatklänge mich umschmeicheln.
Wenn ich eine Ziege seh,
muß ich hingehn - und sie streicheln.

Wir Freunde sandten uns oft zur Premiere in Hamburg
oder Berlin oder Stuttgart einen Kranz; es war ein römi-
scher Kranz mit einer gedruckten Schleife; Claire aus Gelsenkirchen grüßt Wanne-Eickel oder umgekehrt: Fred aus
Wanne-Eickel grüßt Gelsenkirchen. Jahrelang bei jeder

Premiere, in jeder Stadt wurde dieser ominöse Kranz des fernen Freundes überreicht. Die Freunde dachten aneinander.

Am Heiligen Abend erschien mein Dichter in meiner Berliner Wohnung mit Irmi. Irmi führte ihn, weil er fast blind war. Vor der Wohnungstür blieben sie stehen. Fred hatte ein Weihnachtsbäumchen im Arm. Sie steckten die Kerzen an, und dann klingelten sie. Während ich die Tür

Claire Waldoff auf dem Zentral-Flughafen Berlin

83

öffnete, sangen sie leise »Stille Nacht, heilige Nacht« beim Lichterglanz des Bäumchens. – So zärtlich und so poetisch war Endrikat. Er war eine echte Künstlernatur, und viele Stunden in allen Städten der Heimat haben wir ernste und fröhliche Gespräche geführt, und mancher heimatliche Steinhäger hat uns vereint, und dann sangen wir:

O Land, wo meine Wiege stand,
O grüß dich Gott, Westfalenland!

Mißverständnis in Posemuckel

Ich sang meine Lieder manchmal auch in kleinen und mittleren Städten, im Rheinischen, im Hessischen, im Westfälischen, in Hannover und Schlesien. Da kam es oft vor, daß die Honoratioren der kleinen Orte mich als fremden Gast, als fremden Vogel, zum Gläschen Wein nach der Vorstellung einluden. Es war manchmal ein recht spießiges Milieu, in das ich hineinschneite in Posemuckel oder sonstwo. Für mich war es dann stets ein besonderes Gaudium, die Spießer der Kleinstadt »auf den Arm zu nehmen«, indem ich todernst ein falsches Deutsch sprach – zum Beispiel sagte ich: »Ach was! Schade um der Frau!«

»Wie meinen Sie, liebe Claire Waldoff??? Sie meinen wohl: Schade um die Frau.«

»Ach nee!« sagte ich, »liebe Frau Kanzleirat: Schade um der Frau.« Dann stießen sich die Dämchen heimlich unterm Tisch an und wechselten ironische Blicke über mich: Es wackelten die Perücken…

»Ach, wissen Sie«, sagte ich dann weiter, »kümmern Sie sich doch um Sie sich – das sind doch nur Redensarten.«

Wieder ironische, höhnische Blicke meiner Spießergemeinde, dann rauschten sie hinaus in ihrem Sonntagsstaat. Sie waren sicher, daß Claire Waldoff wohl eine total ungebildete Gans sei, und sie verschwanden dann langsam im Vollbewußtsein ihrer hohen Bildung.

Beinahe verlobt

Ich war wieder mal im lieben Hamburg engagiert. Großes Hallo, denn im Programm war auch Dr. Egon Friedell aus Wien. Er ist einer der geistvollsten Männer Österreichs. Er spielte seinen witzigen Einakter »Goethe«, eine Satire auf die Spießer und Schulmeister. Goethe fällt durchs Examen, während der Schüler Kohn, den ich verkörperte, mit Glanz und Gloria aus dem Examen hervorging.

Jeden Abend klebte ich mir eine ulkige Nase als Kohn, und jeden Abend saß sie im Laufe der Vorstellung schief, oder sie war ganz abgefallen. Alles quiekte vor Vergnügen, und die Vorstellung mit Egon und Claire ging stets unter großem Gelächter zu Ende.

Eines Tages, es war der erste April, was lasen wir im »Hamburger Fremdenblatt«?

Claire Waldoff
Dr. Egon Friedell
Verlobte

Zeichnung: Walter Trier

»Mensch, Egon! Haste Worte? Wir sind verlobt! Wir lachten. »Wer hat sich denn den Ulk mit uns erlaubt? Zum
ersten April! So seriöse Leute wie wir!« Wir waren alle
elektrisiert. »Auf!« sagten wir beide, »das ist ein Grund
zum Feiern! Unsere Verlobung? Das haben wir ja gestern
noch gar nicht gewußt! Also auf, auf! Ihr Künstlergesindel!
Her mit dem schönsten Festschmaus! Essen und Trinken
wird ja von jeher bei uns groß geschrieben. Auf zum köstlichen Verlobungsfraß zu Ehmcke am Gänsemarkt«. Ich
machte das Menü. In blendender Laune rauschte die Verlo-

bungskorona bald zum Ehmcke rein. Wir hatten eine schöne Ecke im Restaurant erwischt, und ich verschwand mit dem Oberkellner und tuschelte ihm schleunigst meine Wünsche zu. Es kam ein tolles Souper.

Drei Tage lang dauerten unsere Festivitäten. Jeden Tag kamen fürchterliche anonyme Briefe an mich und Egon, die kein gutes Haar an uns ließen und jeden von uns warnten vor der Heirat und geheimnisvolle Andeutungen machten, wo wir überall uneheliche Kinder hätten und so. Jedenfalls haben wir tagelang Tränen gelacht über die Bosheit der Menschen.

Wenn an jedes böses Maul
Ein Schloß müßte angehängt werden,
Dann wär die edle Schlosserkunst
Die beste Kunst auf Erden.
(Handwerkerspruch)

Unterdessen spielte ich bei Gustav Charlé, der damaligen »Komischen Oper« an der Weidendammerbrücke, im Singspiel von Jean Gilbert »Die Dose Seiner Majestät«, Text von Rudolf Presber. Ich spielte nur eine kleine, aber entzückende Rolle, einen jungen Stallknecht, der abends nach der Arbeit mit den kleinen Mädels auf Tour geht:

Da jehn mir hin, denn es ist Mai,
Da ist kein Mensch als bloß wir zwei,
Als ick und meine Kleene,
Da sind wir janz alleene.
Der Olle nicht, nicht die Mama,

Nur sie und ich, und allens da,
Bloß ich und meene Kleene.
Kein Mensch dabei
Und bloß wir zwei,
Und dann ist Mai.

Dann kam einer meiner berühmten albernen Tänze. Ich huppte auf der ganzen Bühne einmal rum vor lauter Freude und strahlte. Noch im festlichen Bauernfrack als Stallknecht trat ich nach dem Singspiel nochmals im Kabarett »Schwarzer Kater«, Friedrichstraße, bei Direktor Siegbert Wreschinski mit meinen Originalrepertoires auf. Das war ein neues Kabarett der Friedrichstadt.

Maler sind seltsame Menschen

Emil Orlik war ein großer Verehrer von mir. Ich liebe nämlich alle Maler ganz besonders, und sie haben mich alle wiedergeliebt.

Groß war Orliks wunderbare Kunst, die Menschen zu porträtieren, sei es in Öl oder mit dem Zeichenstift.

Immer, wenn er von seinen Auslandsreisen nach Berlin zurückkam, meldeten die schönsten Blumen seine Ankunft in unserem Hause an, und dann mußten wir, Olly und ich, sehr bald in seinem schönen Atelier am Lützowplatz zum Mittagessen erscheinen. Er hatte ein besonders prächtiges, großes Atelier am Lützowplatz Nr. 23, vierte Etage. Hoch über dem Herkulesdenkmal sah man weit über den ganzen Tiergarten.

Als wir gerade unser Haus am Bayerischen Platz verlassen wollten, um zu ihm zum Mittagessen in sein Atelier zu gehen, da erscheint der junge Maler Engelmann mit seiner Mappe, der heute just bei uns zu Tisch geladen war und dem wir ganz vergessen hatten abzusagen.

»Na, lieber Engelmann, dann kommen Sie man gleich mit zu Emil Orlik. Wir müssen sehen, wie wir Sie bei ihm mit einschmuggeln.« Wir lachten alle drei in Gedanken über das erschrockene Gesicht von Orlik, daß wir noch einen Gast mitbringen würden, während wir alle die hohen Treppen zum Atelier in die vierte Etage raufkletterten. Und tatsächlich! Er war wütend, daß wir unseren jungen Freund mitbrachten. Erstens, weil wir nicht mehr allein waren, und zweitens, weil ein Tischgast mehr zu bewirten war. Denn Orlik war in dieser Beziehung nicht sehr freigebig.

Er hat den armen jungen Maler schmachvoll behandelt, als ich ihn vorstellte. In seinem Atelier waren gerade die

Zeichnung: Heinrich Zille

90

zarten Ölbilder, die die Elisabeth Bergner darstellten, auf der Staffelei und ein weiblicher Akt, halb fertig, mit einem zarten lila Schleier bedeckt. »Emil«, sagte ich wieder, »mein lieber Freund und großer Meister, sei doch nett zu unserem jungen Freund Engelmann, und knurre doch nicht bei jeder Gelegenheit. Du wirst ihm doch etwas zu essen geben müssen.«

Wir staunten seinen großen, wunderbaren chinesischen Gong an, den er soeben aus Peking mitgebracht hatte. Der Meister nahm weihevoll den Gongschläger in die Hand, und voll Staunen und Andacht hörten Olly, ich und der junge Engelmann den himmlischen Ton und das lang anhaltende silberne Brausen des Gongs wie aus einer fernen Welt. Wir drei waren hingerissen und waren ganz blaß vor Glück, und Orlik selbst war stolz über den tiefen Eindruck seines schönen, neuen Pekinger Gongs und raste glückstrahlend in die Küche, um nach seinem Essen zu sehen.

Es gab serbisches Reisfleisch. Wir drei waren noch ganz im Banne des chinesischen göttlichen Gongs, und unser Freund besah die fremdartigen Zeichen darauf. Ich weiß nicht, wie es geschah: Auf einmal ertönte wieder das wunderbare überirdische Brausen des großen Gongs. Wir waren alle drei selbst erschrocken, aber da hörten wir schon die hastigen Schritte unseres rasenden Malers aus der Küche her mit Donner und Doria nahen: »Zum Donnerkiel noch mal! Wer hat da meinen Gong berührt? Wer war das? Verdammt und zugenäht!«

Die kleine dunkle Malerkappe auf, der graumelierte »Eduard-von-England-Bart«, in der Hand eine Pfanne,

Reisfleisch rührend, sah Orlik wie ein zürnender Jupiter aus in seiner Wut. Seine zornfunkelnden Augen sprühten Blitze. Was sollte ich tun? Sollte ich den armen zitternden Maler verpfeifen? Er hätte ihn totgeschlagen oder zumindest rausgeschmissen … Ich nahm meinen fauchenden Donnergott, meinen Orlik, zärtlich in den Arm und gab ihm die schönsten Worte, um ihn wieder zu beruhigen.

Ihr habt ja keine Ahnung, was die Künstler für Kinder sind, in der Liebe und im Haß. Eins, zwei, drei ist alles wieder anders. In der Küche lachte er schon wieder mit mir, während unser junger Freund noch ganz blaß und verdattert und zerknirscht im Atelier neben dem Unglücksgong im Lehnstuhl lag. Er hat aber nur wenig zu essen gekriegt. Er durfte sich nur die schönen antiken chinesischen kleinen Statuen besehen, die jeder vor seinem Teller hatte.

Nach dem türkischen Kaffee flehte ich meinen Freund Orlik an, unserem jungen Freund und Maler Engelmann doch seine Mappe voller Zeichnungen und Skizzen aus den Bergen durchzusehen und ihm das eine oder andere gute Wort für seine Arbeiten zu gönnen. Da strahlte dann der junge Malersmann über das kleinste Lob aus Orliks Mund, und wir drei zogen dann endlich alle befriedigt ab.

Mit Heinrich Zille vorm Mikrophon

Seit Jahren war ich auch von Herzen befreundet mit Heinrich Zille. Es war eine Freundschaft fürs Leben. Ich liebte diesen wunderbaren Menschen und Maler. Er war herrlichstes Berlin, trotzdem er Sachse war. Berlin war seine

Heinrich Zille: Claire und Zille-Gören

Wahlheimat wie ja auch die meine. Wir waren wohl beide extra für diese Stadt geschaffen worden.

Unsere Mütter müssen wohl vor unserer Geburt von der Panke geträumt haben: So sehr waren wir beide berlinerisch, im Wesen, im Dialekt und im Herzen. Er war einer meiner liebsten Freunde. Er war nicht nur ein herrlicher Künstler, sondern auch ein wunderbarer Mensch. Wir beide hatten Berlin von Herzen lieben gelernt, die Stadt und auch die Berliner, die noch verhältnismäßig junge Weltstadt, auf Sand gebaut, und die Berliner, die sich aus allen möglichen Stämmen unseres Landes zusammengemischt haben.

Man sagt immer, der echte Berliner stammt aus Breslau. Zille und ich, wir sind jedenfalls zwei echte Berliner – Wahlberliner – aus Liebe! Was haben wir uns stundenlang, nächtelang über Berlin gefreut. Schließlich konnten wir beide gar keinen anderen Dialekt mehr sprechen.

Jede Nacht kam Zille zu mir ins Kabarett. Ich war ja die letzte Nummer gegen dreiviertel zwei Uhr. Seinen Schlapphut auf und seine große Malmappe unter dem Arm. Müde war dann oft unser lieber Meister. Er hat nur selten was von seinen Zeichnungen verkauft, und bei seiner Frau war oft

Claire Waldoff in ihrer Berliner Wohnung, 1933

94

Schmalhans Küchenmeister. Ich brachte ihn dann meist schleunigst im Auto in seine weit entfernte Wohnung in Charlottenburg, Sophie-Charlotte-Straße, vier Treppen hoch.

An seinem siebzigsten Geburtstag sprachen wir im Rundfunk, Heinrich Zille und ich. Ich sang einen neuen Text ihm zu Ehren auf mein Lied: »Hermann heeßt er«, »Heinrich heeßt er«. Es war eine große Freude für ihn und für ganz Berlin. Wir besuchten dann anschließend eine alte Berlinerin in der Bergstraße im Armenviertel Berlins, die krank war und die so sehr um unseren Besuch gebeten hatte. Als wir so einen der Hinterhöfe der Großstadt betraten, zog mein lieber Heinrich sein Skizzenbuch heraus und zeichnete die übliche Fassade der Armenleutegegend mit wenigen Strichen. Ich sah ihm zu. Da sahen wir zwei kleine Jungens, die in der Ecke Knicker und Murmeln spielten. Da klirrte auf einmal ein Fenster, und eine Frauenstimme rief zu den Jungens herunter: »Emil! Sollst sofort ruffkommen!« Peng! Das Fenster wird wieder zugeknallt. Mein Heinrich zeichnet weiter. Ich sehe wieder zu. Da klirrt das Fenster noch einmal, und die wütende Frauenstimme schreit noch lauter: »Emil, habe ich dir nicht jesagt, du sollst ruffkommen!« Peng! Wieder knallt das Fenster zu. Da hören wir, wie der andere Junge zum Emil sagt: »Emil, hast du nicht gehört? Du sollst sofort ruffkommen zu deiner Ollen!« Da steht Emil langsam und bedächtig auf und sagt ernst zu seinem Freund: »Wat heeßt hier deine Olle? For dir noch immer Frollein Lehmann!«

Ich habe meinen Freund Zille oft besucht, Jahre hindurch. Zuletzt war er viel krank, unser Meister. Als ich mal einige Zeit nicht gekommen war, schrieb er mir, es war sein letzter Brief an mich:

Meine liebe Claire Waldoff!

Jetzt, da mich das Kranksein festhält, ich wenig aus der Wohnung komme, muß ich Dir, da wir uns lange nicht gesehen, einen recht herzlichen Gruß senden. Als ich Dich kennenlernte, mit Freude denk' ich daran. Wir nannten Dich Karl, und »ein Kerl wie Samt und Seide« warst Du auch jederzeit geblieben. Rauchend und fluchend wie ein Müllkutscher, mit Deinen bronzeroten knisternden Bubihaaren (wir sagten damals, die wie eine »Omnibuslaterne« leuchten) – die aber wie ein Heiligenschein Dein liebes Schalkgesicht mit den lustig zwinkernden Augen umgaben, mit neuesten Schlagern und heiteren Vorträgen hast Du uns noch nach Theaterschluß in traulicher Nachtkneipe zum größten Beifall und aufrichtiger Bewunderung hingerissen. Und im Theater, auf der Bühne – andächtig lauschten wir und das Publikum auf Deinen herben Gesang, und alles bejubelte den Liebling der Berliner.

Ich denke an unsere Wanderungen im Norden und Osten Berlins, um »Nacht und Leute« zu studieren. Ich sehe Dein erstauntes, ernstes Gesicht, als ich Dir eine andere Welt zeigte – hast viel vom Ernst des Lebens in Deine Kunst hineingenommen und die Hörer zum Denken veranlaßt.

Und wenn man Dir damals, als man Dich erkannte, vor Begeisterung hätte, wie man so sagt, »die Pferde ausgespannt«, so würde man jetzt, da Dein Ruhm gewachsen,

Berliner »Scala«-Programm 1935: »Claire heest se!«

Dir vielleicht das Auto – ausspannen. Entschuldige, ein kleiner Spaß muß auch sein, sonst verlern' ich das Lachen. Nun bitte besuche mich doch mal wieder, damit ich Dich sehe und Deine neuesten Schlager, die schon ganz Berlin kennt, doch auch zu hören bekomme, bitte – bitte. Mit herzlichen Grüßen Dein alter Freund und Weggenosse

H. Zille

Ich machte sofort darauf eines Morgens einen Krankenbesuch. Die Wohnungstür war merkwürdigerweise nur angelehnt, und als ich in sein Atelier reinkam und der Meister in seinem Bett saß, eine große Kaffeetasse in der Hand, in die er seine Stückchen Brot einbrockte, da traute ich meinen

97

Augen nicht: Steht doch da in der Ecke im Halbdunkel ein richtiger Strolch, eine Type aus Zilles »Milljöh«, die Hände in den Hosentaschen, einen Stummel im Mund und grinst mich frech an. »Nanu«, sage ich, »Mensch, wie kommst denn du hier rin, zu unserem stillen kranken Meester? Wie lange stehste da schon? Und wat machste? Wir können dir hier nicht brauchen! Jeld hat der Meester nicht mehr, er hat det schon an seine armen Modelle verschenkt. Also türme! Da haste noch ein paar Zijaretten, und nu stör unsern Kranken nicht mehr. So! Da haste noch eine Mark und verdufte!«

Ich nahm ihn am Arm und bugsierte ihn aus der Türe raus und schloß draußen ab.

»Mensch! Claire! Goldkind!« sagte Zille. »Det haste aber fein jemacht, wie du den schweren Jungen rausjeekelt hast!«

Ich mußte innerlich schmunzeln, daß mein letzter Liebesdienst für meinen geliebten Maler darin bestand, ihn vor seinen eigenen Modellen zu beschützen...

Es war das letzte Mal, daß ich ihn sah…

Ich werde, solange ich lebe, ihm zu Ehren das Zille-Lied singen, das Lied vom »Vater Zille«, Text und Musik schrieb Willi Kollo für mich, der Sohn von Walter Kollo:

Aus'm Hinterhaus
Kieken Kinder raus,
Blaß und unjekämmt,
Mit und ohne Hemd,

Unten uff'n Hof
Is'n Riesenschwoof,

98

Und ick denk mir so beim Gehn:
Wo hast du das schon mal gesehn?

Das war sein Milljöh,
Das war sein Milljöh,
Jede Kneipe und Destille
Kennt den guten Vater Zille.
Jedes Droschkenpferd
Hat von dir jehört,
Von NO bis JWD,
Das war dein Milljöh!

Die Wolken schoben sich zusammen

Es kam langsam, aber sicher eine politisch unruhige Zeit.
Hindenburg war zwar der Präsident des Landes, aber es
waren doch schon Anzeichen vorhanden, daß sich manches
ändern würde. Das Dritte Reich war angebrochen. Ich
wurde auf den Index gesetzt. Ich wurde sofort für Film und
Funk von Goebbels verboten. Mein arischer Nachweis
wurde bis zum Urgroßvater in Ordnung befunden. Ich war
aber unerwünscht.

Die Kollegen rückten von mir ab, die Kabarettdirekto-
ren durften keine Verträge mit mir abschließen. Da wurde
ich mein eigener Manager, gab meine eigenen Abende.

Die HJ marschierte in den Saal und rief im Sprechchor:
»Deutsche Männer und Frauen, wollt ihr das hören?«
»Natürlich wollen sie das hören«, habe ich gesagt, »deswe-

Der Regierende Bürgermeister

T 6622/25. 4. 40/322 - 1/5.

Bremen, den 25. April 1940.
Rathaus

A. 1747.

I B (1) 1863/40.

246

An den

Herrn Reichsminister für Volksaufklärung und

Propaganda,

B e r l i n   W 8
Wilhelmplatz 8/9.

Betr.: Politische Anspielungen
in Kabaretts usw.
Bezug: Erlaß vom 8.12.1937
- VI 6026 A-36-2/1-.
Berichterstatter: Reg.-Assessor Specht.

Über einen Verstoß gegen die in Ihrer Eigenschaft
als Präsident der Reichskulturkammer getroffene Anordnung
vom 8.12.1937 hat mir der Polizeipräsident in Bremen folgendes
berichtet:

"Gelegentlich der Veranstaltung am 8.4.1940 in den "Cen-
tralhallen" in Bremen (Kabarett von 1900 bis heute)
brachte Schneider-Duncker, Berlin W 15, Pariser Str.17,
gelegentlich der Ansage folgende Wendung: "Ich habe
viele jetzt berühmte Kabarettisten als Schüler gehabt, u.a. auch Claire W a l d o r f f , Sie war vor
etwa 20 Jahren schon mit mir zusammen tätig und sang
damals schon "Hermann heeßt er". Er unterbrach sich
dann in der Ansage und führte kurz daraufhin aus, "das
habe damit aber gar nichts zu tun."

Die Bemerkung konnte ihrem Inhalt nach bedeuten, dies
sei nicht auf den Ministerpräsidenten G ö r i n g zu
beziehen.

Wenn die Bemerkung als solche auch harmlos war, so
ist nach dem anliegenden Erlaß vom 8.12.1937 jeder
Hinweis auf politische Personen in Ansagen usw. untersagt.

Der Reichsminister für Volksaufklärung und
Propaganda wünscht unverzügliche Benachrichtigung."

Im Auftrag:

Denunzianten-Brief an Goebbels: »Harmlos, aber untersagt«

101

gen sind sie ja hergekommen.« Ich habe immer getan, als verstünde ich gar nicht. Dann haben sie mich verhört, weil ich für hungernde Kinder, auch für kommunistische Kinder, gesungen habe. »Ich habe die hungernden Kinder nicht nach dem Parteibuch der Eltern gefragt«, habe ich gesagt.

»Sonst haben Sie nichts zu sagen?«

»Nee.«

Es ist mir nichts geschehen. Ich tanzte am Rande des Abgrundes, aber keiner wagte es, mich hineinzustoßen.

Goebbels verbot mir den Schlager: »Hermann heeßt er«; aber der Lamettatext:

Rechts Lametta, links Lametta,
Un der Bauch wird imma fetta,
Un in Preußen ist er Meester.
Hermann heeßt er.

ist nicht von mir, den hat das Volk gedichtet. Ich gab weder die große Klappe auf noch das goldene Herz.

Inzwischen war ein winziges kleines Berghäusel in den Bergen von Oberbayern mein eigen geworden. Beim Eingang, unterm Laub versteckt, hing ein kleiner Hausspruch:

Das Haus ist mein.
Und doch nicht mein;
Beim zweiten wird's nicht anders sein,
Den dritten trägt man auch hinaus. –
Nun frag' ich: Wem gehört das Haus?

Claire Waldoff in »Die wilde Auguste« im »Rose-Theater«, Berlin, 1939

Olly hat sich diese ganzen Jahre großartig und tapfer bewährt. Wir hatten beide das große Los aneinander gezogen, je dusterer und kritischer die Zeit auch wurde. Olly ist überhaupt ein seltener, lauterer Charakter, ein wunderbarer Mensch.

Dann kam der Zweite Weltkrieg, er zerstörte nach und nach unser geliebtes Deutschland und brachte so viel Gram und Elend über die Menschen. Er zerstörte auch mein kostbares, köstliches Berliner Heim mit viertausend seltenen Büchern, den liebevoll gesammelten Möbeln und Kunstwerken. Mein geliebtes Berlin wurde langsam aber sicher zum Trümmerhaufen. Zum Schluß geriet ich selbst, die immer Oppositionelle, Suspekte und allzu Populäre, doch noch in die Gefahr, vom großen Moloch des Regimes verschlungen zu werden.

Ich war nach Bayern in den Frieden unseres abgelegenen Landhäuschens gegangen. Arbeit gab es nicht, drei Jahre lang. Von dort bin ich nun wieder aufgetaucht und stehe wiederum auf der Bühne. Ich, das verkörperte Berlin, stehe auf einer Münchner Kleinkunstbühne und nehme mir keinerlei Blatt vor die Berliner Klappe.

Der Beifall dröhnt, als sänge ich Unter den Linden, die es nicht mehr gibt, oder im Wintergarten, der auch nicht mehr steht. Aber mich gibt es noch, die Claire Waldoff. Ich singe das Lied von einem Kriegsgefangenen in Kanada und seiner handfesten, kessen Braut, die in Deutschland auf ihn wartet: »Denn wir gehören ja beide zusammen.«

Und kehrst du heim, geliebter Mann,
Dann fängt ein neues Leben an,

Denn wir gehören ja alle zusamm'n.
Dann geht die Welt im gleichen Schritt,
Und wir gehn mit, und du gehst mit:
Denn wir gehören ja alle zusamm'n!

Willi Schaeffers und Claire Waldoff in der Revue
»Es geht nicht ohne Liebe« im »Kabarett der Komiker«, Berlin, 1939

+ Carl von Ossietzky

(15b) BAYRISCH-GMAIN (OBB.) WEISSBACH-HÄUS'L / LEOPOLDSTRASSE 2
RUF: BAD REICHENHALL 2170

DEN 22. II. 54.

Sehr verehrte gnädige Frau –

Seit 12-15 Jahren fahnde
ich nach Ihrem Namen – nach Ihrer
Anschrift – aber keiner wußte Ihren
Aufenthalt. Sie waren nirgend zu finden.
Ich kenne Sie und ein Gedicht von
Ihnen aus der alten "Weltbühne" von
Siegfried Jakobsohn," mit dem ich da-
mals befreundet war und mit Kurt Tu-
cholsky. Ich wollte so gern Ihren Text "Alle
Spielen Blinde Kuh" klugen resp. vorbro-
gen. Ich traute mich nicht ohne Berech-
tigung, und Sie waren nicht zu erreichen.
So habe ich Ihren Text jahrelang still

Claire Waldoff im März 1954 an Alice Ekert-Rotholz:
»Herrlich, daß ich Sie endlich gefunden habe …«

106

in mein Herz verschlossen –
und plötzlich hat Frau Gerold + Tucholsky
(Mary) Ihre Bong'sche Anschrift ausfindig
gemacht, u. daß Sie wieder nach Siam
abgereist sind. (Natürlich hab ich sofort
Ihr Siam hinter der Bambuswand "se
Raucht u. nun frage ich, ob ich Ihren Text
singen darf." Ich habe, wie andre Tausende,
Hab und Gut, meine Madonnen und hem-
lische Bücher in den Bombennächten von
Berlin verloren u. lebe in einem kleinen
Häusl in Bayr. Gmain an der Oesterreichisch.
Grenze, 5 Autobus Minuten von Bad Reichenhall, bin arm geworden wie eine Kirchenmaus, war 3 mal im Krankenhaus wegen Herz-
kranzgefäßverengungen." etc.
        Herrlich, daß ich Sie endlich gefunden
habe nach langem endlosen Suchen.
Ich weiß nicht, wo Sie sich mit Ihrem Mann
jetzt aufhalten. Jedenfalls grüße ich Sie
von ganzem Herzen. Ihre
        Claire Waldoff.

Ich singe eine Balladenparodie, Text und Musik von Erich Einegg:

> Wegen dir hab ick meine jute Stellung
> Bei Tietz aufjejeben,
> Wegen dir, wegen dir, wegen dir, mein Freund.
> Wegen dir trat ich in ein lüstern glitzerndes,
>   sündhaftes Leben,
> Wegen dir, wegen dir hab ick heiß jeweint.
> Wegen dir hab ick einer Direktricenkarriere entsagt,
> Wegen dir hab ick meine jute Stellung
> Bei Tietz aufjejeben,
> Wegen dir, wegen dir, wegen dir.

Im Laufe der Geschehnisse sind die Texte meiner Lieder auch anders geworden, nicht mehr so leicht, nicht mehr so harmlos, nicht mehr so fröhlich wie früher, sondern sie tragen den Stempel einer veränderten Zeit, die über uns hinweggebraust ist. Aber ich singe trotzdem von Freude, von Optimismus und Humor. Die Leute wollen lachen, sie wollen ein bißchen Wärme fühlen, sie waren so klein und verzagt; lachen wollen sie.

Es ist ein erlösendes Lachen, das ich zuwege bringe; denn der Untergrund dieser meiner besonderen, sehr berlinischen, sehr volkstümlichen Begabung ist ein warmes und unermüdliches Herz. Ein Herz, das andere mitzuwärmen versteht, dafür ist man ihm dankbar...

Es kommen täglich viele Briefe aus aller Welt zu mir, zu mir und Olly, in unser kleines Berghäusel in Bayrisch-Gmain bei Reichenhall. Beweise der Freundschaft und

Liebe aus allen Teilen Deutschlands und des Auslandes, viele Pakete herzlichen Gedenkens. Die Dorfjugend und die Bauern haben uns gern. Ich bin keine Respektsperson, sie rufen mich mit Vornamen, und jeder sagt Claire und du. Ich fahre wie früher in alle Städte in unserem klein gewordenen, zerrissenen Deutschland und singe meine Lieder in München, Nürnberg, Augsburg, Würzburg, Hannover, Braunschweig, Kassel, Baden-Baden und meinem lieben Stuttgart, in Köln über Rhein und Ruhr, in Hamburg – zertrümmerte Städte überall.

Nur Berlin habe ich noch nicht wiedergesehen. Ich habe es nicht übers Herz bringen können... noch nicht... aber eines Tages will ich hin. – Mit Absicht habe ich in meinen

Erinnerungen die furchtbaren Ereignisse der zwei Welt-kriege nicht geschildert. Wir - alle - wissen… Verdun und Stalingrad sind unauslöschliche Menetekel. Der Schatten der Geschehnisse liegt über unserem unglücklichen Land - der Glanz der Welt ist weg. - Es sind dieselben Städte noch und doch nicht dieselben. Die Menschen sind andere geworden. Die Harmlosigkeit ist weg, die Güte. Einer sieht am andern vorbei, als hätte er etwas vergessen… Sie sind ratlos und unsicher, was morgen ist… Fürchten sie sich vor der Zukunft, oder glauben sie an den Frieden? Ich glaube an das Leben – eine Hymne auf den nächsten Kreuzzug liegt mir nicht. Ich setze Goethes schönen Spruch an das Ende dieses Kapitels meiner Erinnerungen:

Ich weiß, daß mir nichts angehört
als der Gedanke, der ungestört
durch meine Seele will fließen –
und jeder günstige Augenblick,
den mich ein liebendes Geschick
von Grund auf läßt genießen.

Nachtrag und Abgesang

Plötzlich wurde ich krank vor der Vorstellung in Hamburg und mußte wochenlang im Krankenhaus Sankt Georg liegen. Alle Zeitungen schrieben davon. Viele aus dem Publikum brachten Blumen ins Krankenhaus. Es war gerade die Zeit der Währungsumstellung 1948. Alle meine Ersparnisse waren dahin. Ich stand vis-à-vis de rien. Es schien keine Möglichkeit zu geben, die Krankenhauskosten zu bezahlen. Da waren es allein meine lieben Kollegen und alten Freunde Mae und Denis Batton, die mir halfen, über die schreckliche Zeit hinwegzukommen.

Das »Weißbach-Häusl« in Bayrisch-Gmain

111

Nach acht langen, inhaltsschweren Jahren habe ich nun auch mein Berlin wiedergesehen. Ganz plötzlich wurde ich für ein fünftägiges Gastspiel engagiert. Im Flugzeug sauste ich los. Mein Herz erfüllt von widerstreitenden Gefühlen. Wie werde ich mein geliebtes Berlin wiederfinden? Wie meine Berliner?

Auf dem Tempelhofer Feld wurde ich von Rundfunk, Presse und vielen lieben Freunden mit einem Meer von Blumen empfangen. Ich war überwältigt. Dieser Eindruck steigerte sich von Tag zu Tag. In meinen Vorstellungen und überall, wo ich mich sehen ließ in der Stadt, schlug mir die stürmische alte Liebe und Anhänglichkeit meiner Berliner entgegen. Ich war tiefgerührt. Ein neues Lied hatte ich mitgebracht:

Alles kommt im Leben einmal wieder

Alles kommt im Leben einmal wieder,
Warum denn auch euere Claire nicht?
Ja, sie kommt, sie singt die lieben Lieder,
Denn ihr wart ja so auf sie erpicht.
Warum soll er nicht und Hermann heeßt er –
In de Laubenkolonie und so
Familie Gänseklein, das war'n die Tröster
Zwischen Alex, Leipziger Platz und Zoo:
Berlin, Berlin, dich muß ich ewig lieben,
Berlin, Berlin, du bist mein schönster Reim.
Ist mir auch nix auf Erden sonst geblieben,
Du bist mein Lied, nach dir da zieht's mich heim.
Berlin, Berlin, machst du mich auch nicht satt,
Zum Fressen lieb' ich dich - Reichstrümmerstadt.

Tausend Jahre sind schon längst vergangen,
Tausendjährig war auch Rom nicht schön,
Aber einstmals wirst du wieder prangen,
Und dein grauser Kummer wird vergehn.

113

Vater Zille tat einst mit mir wetten,
Daß Berlin noch mal ganz anders wird:
»Laß det Kind«, so sagt er, »die Bouletten«,
Und der Meister hat sich nicht geirrt.
Berlin, Berlin, dich muß ich ewig lieben,
Berlin, Berlin, du bist mein schönster Reim.
Ist mir auch nix auf Erden sonst geblieben,
Du bist mein Lied, nach dir da zieht's mich heim.
Berlin, Berlin, machst du mich auch nicht satt,
Zum Fressen lieb' ich dich - Reichstrümmerstadt.

Wo man schaut von Griechenland bis China,
Ach, der Globus wackelt überall.
Doch ich steh als kleene Berolina,
Und das Fallen war doch nie mein Fall.
Euch gefallen allenfalls und immer
Und im übrigen nur fest gelacht.
Lachen ist des Lebens letzter Schimmer,
Sturer Ernst hat alles kleen gemacht.
Berlin, Berlin, dich muß ich ewig lieben.
Berlin, bist du auch nur ein Trümmerheim,
In meinem Herzen wirst du groß geschrieben
Und blühst mir neu mit jedem Lied und Reim.
Berlin, was meine Seele ganz hat,
Du meine liebe unsterbliche Stadt.

Blaß und tiefbewegt sah ich die Trümmer der großen, ver-
wundeten, zerstörten Stadt. Der Tiergarten verschwunden,
die Bendlerstraße. Diese Grabesstille des alten Westens,
kein Haus, kein Strauch, kein Hund bellte, kein Vogellaut.

Aber ich sah auch neben all der Zerstörung die braven, tapferen Berliner, die sich nach all dem Schrecklichen, das sie durchgemacht hatten, nicht unterkriegen ließen, sondern mit bewundernswertem Fleiß und Energie sich eine neue Existenz aufbauten. Ich hörte keine Klagen, und es wurde nicht unnötig gemeckert wie in anderen Städten, wo im Vergleich noch Milch und Honig fließen. Jeder strebte vorwärts, mutig und positiv, das war einer meiner größten Eindrücke, die ich von dieser tapferen Stadt hatte, über der doch noch immer die Wolken einer ungewissen Zukunft schweben.

Ich schied von Berlin mit der festen Überzeugung: Diese Stadt kann nicht untergehen!

Anhang

Zeitgenossen über Claire Waldoff

Gereimtes und Ungereimtes

Man muß sich einen neuen Menschen merken: Claire Waldoff. Ein originelles Talent, auf das man neugierig sein muß.

ALFRED KERR

Man muß sie das Wort »Frühling« sagen hören: ein kleiner Seitenblick nach unten, und Hunderte von Sentiments gehen dabei flöten. Sie bemüht sich gar nicht, sie nennt ihre Anbeter objektiv »farickt«, aber man glaubt es ihr; in keinem Unterton ist eine geheime Freude, doch so viel Wirkung auf die Männer auszuüben. Wir vergessen bei dieser ein wenig spöttischen Darstellung, daß es sich um eine der beiden großen Quadern handelt, auf denen, nach Schiller, die Welt ruht...

Sie ist so sehr Berlin: man weiß nicht recht, ob sie in den allertiefsten Tiefen nicht doch noch schüchtern ist und sich durch Keckheit eine Überlegenheit verschafft; die Refrains rutschen ihr über die Flabberlippe und mit verachtungsvoll herabgelassenen Schultern gibt sie das Groteskbild einer flapsigen Jungfräulichkeit: »Mit meene Beene machen Sie die Zicken nich...«

KURT TUCHOLSKY

Das größte Geheimnis ihrer Wirkung ist: sie sieht gar nicht so aus. Ihr hat ein gütiger Gott die Gabe des Kontrastes in den Leib gelegt.

SIEGMUND KALISCHER

Ins Castans-Panoptikum geht er, höhnt der Chor meiner Feinde. Da gehört er hin.

Oben in der Potsdamer Straße stellt Konkurrenten-Feind Schneider-Duncker gleichfalls ein Programm mit aufregenden Überraschungen vor. An seinem Flügel sitzt der Komponist Walter Kollo, ein Musiker voller Einfälle und Einfühlungsvermögen. Als Star stellt man eine bisher unbekannte Berliner Humoristin, Claire Waldoff, heraus, und wie uns unsere Proben-Spione versichern, paßt sie zwar mit ihren derben Gassenhauern nicht in den Rahmen eines feingeistigen Kabaretts, zwingt aber vom Beleuchter bis zur verzückt lauschenden Toilettenfrau alles zu dauernden Lachstürmen. Schade, warum ist mir diese Kanone entgangen? Schade, denke ich abermals. Die fehlt mir.

RUDOLF NELSON

Diese Frau macht nicht viel von sich her, steht schlicht und unscheinbar auf der Bühne und singt ihre massiven Couplets, die eine ganze urtümliche Lokalposse, die so voll wirklichen, handgreiflichen Lebens sind. Das heißt: sie gibt ihnen erst Leben, sie selber ist dies drastische, wurschtige, rüde, herzliche, sentimentale, zynische, tragikomisch selige Kleinleben Berlins, und so lange sie da oben singt, erlebt man es gerührt und ironisch mit, merkt kaum, wie fein alles technisch abgestimmt ist, hat nie den Eindruck, daß hier etwas Künstliches, auf seine Wirkung Ausprobiertes vor sich geht.

MAX HERRMANN-NEISSE

Klea Waldoff. Was Deutschland an der besitzt, wußten wir. Aber diesmal hat ihr Ludwig Mendelssohn ein Lied gedichtet und unter Musik gesetzt – das scheint das Letzte zu sein. Buttrig, quäkend und tugendsam singt sie erst eine Menge Dinge von ihrem Liebsten, ob und wie und wo – und auf einmal, über die bewegten Köpfe der lachenden Zuschauer und durch den Zigarrenrauch und den Lärm brüllt ihre Stimme andante: »Hermann heeest a...« Und noch einmal, leiser: »Hermann – heeest – a...« Und verhallend: »Hermann – heest – a...« Und gleich wieder weiter, wie er tanzt und schnarcht und: »...selbst noch im Traume nach mir quäst er ... Hermann heeest a...!« Und dieses Piano ist so ulkig angelernt, so wenig adäquat der Brüllstimme, daß man fassungslos ist. Wie ringt sie sich dieses Piano, jenen Sopran ab? Einen Sopran, der so hoch ist, daß sie gleich kippeln wird, g, gis, a, b... Gottseidank, gerettet! Sie singet, wie der Berliner Spatz singt, unbekümmert, frech – und dann (Stimme, von innen verhallend): »Hermann heeest a...«

Kurt Tucholsky

Die Waldoff hat mit der Guilbert das gemeinsam: wenn sie loslegt, ist man von ihr gefangen.

Sie drückt das typisch Berlinerische so waschecht, saftvoll aus wie die Guilbert das Pariserische, Französische.

Max Herrmann-Neisse

120

Offenbar gibt es eine Gattung Asphalt, die es an Fruchtbarkeit, Frische, Ursprünglichkeit mit jeder braunen Ackererde aufnehmen kann und die sogar eine Art unsentimentalen »Schollenduft« ausströmt: den Duft der Asphalt-Scholle. Solchem Kunst-Natur-Boden entsproß Claire Waldoff, die Berliner Chansonsängerin.

Eine Frau, deren erotischer und künstlerischer Reiz aus der übersteigerten Nüchternheit fließt; aus der »Prosa« des Großstadtlebens; aus der brutalisierten Sphäre der Gefühle; aus der Unerbittlichkeit der Gesetze, welche die Straße beherrschen. Eine derbe Frau mit rauher Kehle und aggresivem Gemüt: unter »Großstadtpflanzen« ein Prachtexemplar der Asphalt-Botanik.   Joseph Roth

Claire

Das grüne Streifchen hinter Mietskasernen,
Lust der Verzweiflung, die in Höfen gröhlt,
könnt ihr durch Claires Lieder kennenlernen,
durch ihre Kehle, die mit Staub geölt.
Der rote Schopf spannt einen kessen Rahmen
um ihr verschmitztes, wissendes Gesicht.
Die schräge Lippe quietscht verrutschte Dramen,
Volkslieder über Sitte, Lieb und Pflicht.
Sinn ihrer Strophen: Alltag in der Tüte;
Lust kleiner Leute, die zu eng umzäunt.
Mit kalter Schnauze dringt sie ins Gemüte.
(Und Papa Zille ist mit Recht ihr Freund).

Karl Schnog

Was soll man viel sagen, die bloße Namensnennung genügt, sie ist ein volkstümlicher Begriff, eine Spezialität, die Einheimischen sind stolz auf sie, den Fremden repräsentiert sie Berlin. MAX HERRMANN-NEISSE

Claire Waldoff – die »kesse Bolle«, die Zille-Berlinerin. Die Waldoff war die erste Berlinerin mit kurzgeschnittenen Haaren, ein Dreikäsehoch mit großen Nasenlöchern über einer schottisch-karierten Lavallière, »Krawallschleife« nannte man das 1910. Sie konnte den roten Bubikopf wunderbar in den Nacken werfen und einen Schrei der Lebensfreude ausstoßen, der ganz tief in der Kehle begann und mit einem leisen Lachen endete. Das Laufmädchen, das Fräulein von der Schreibmaschine, die rechte Hand des Chefs, die Direktrice aus der Konfektion, das Warenhausfräulein – »Deinetwegen habe ich meine Stellung bei Tietz aufgegeben!« – all die Kellerkinder, schneidigen Mädchen und gutmütigen Schwadroneurinnen aus dem Sekretariat, aus Wohnküche und Laubenkolonie sprachen aus ihren Liedern. In ihrem Gesang lag die ganze Philosophie der Berliner Hinterhäuser, das genügsame Glück der emaillierten Kaffeekanne, die Muckefuckseligkeit, zwei Lot Zichorie und ein Lot Kaffee, Rollmops und Streuselkuchen, der Sonntagsausflug mit »ihm«, aber auch dieses »die Butter lasse ich mir noch lange nicht vom Brot nehmen«, und – Kopf in den Nacken – »nicht von der Person!«

WALTHER KIAULEHN

Zum Siebzigsten

Geliebte Claire!
Zu Deiner Ehre
Hundert Altäre
Und hundert Empfänge
Mit Sandwichgedränge.
Aber das paßt zu Dir
Wie Schlagrahm zu Bier.
Was Chancen hätt
Wär ein Bläserquintett.
Der Trupp baut sich auf,
Und dann bläst er
»Hermann heeßt er!,
Hermann heeßt er!«
Keen Sekt, nur Molle auf Molle
Auf Claire, die Wundervolle!

WERNER FINCK

Es sollte über eine Revue gesprochen werden. Die Idee stammte von Marcellus: »Ein Spiel im Warenhaus«. Er skizzierte es in kurzen Sätzen, und Spoliansky, der schon im Bilde war, ergänzte dies und das und erklärte, wann und welche Chansons in die Handlung hineingesetzt werden sollten... Marlene war anregend, sie brachte immer Unterhaltung mit …

In den Proben erschien oft Claire Waldoff. Zwischen ihr und Marlene bestand lange Jahre hindurch eine gute Freundschaft. Claire war ihre Lehrerin im Chansonvortrag. Von ihr kam der tiefe, getragene Ton in Marlenes Stimme, die hier in der Revue nur ganz selten durchdrang.

Erst im »Blauen Engel« hat sie diesen neuartigen Gesangston ganz entwickelt.

JOBST VON REIHT-ZANTHIER

Die Könnerschaft Claire Waldoffs war nicht zuletzt das Ergebnis präziser Arbeit mit dem Text, sie erwuchs aber auch aus dem vorbehaltlosen Engagement für die Inhalte ihrer Lieder, deren ernste soziale Botschaft sie mit Humor und einer menschlichen Wärme umkleidete, die sie abgab an andere. In dieser Richtung ist der Satz von Zille zu verstehen, der von ihr sagte: »Hast viel vom Ernst des Lebens in deine Kunst hineingenommen und die Hörer zum Denken veranlaßt.«

CLAUS CLAUBERG

Wenn Claire Waldoff zwischen 1906 und 1950 nichts gesungen hätte als das Alphabet, es hätte ihr keiner das nachmachen können …

Claire Waldoff war immer eine große Künstlerin. Um einen Schatten leiser geworden, wurde sie noch größer. Wenn Yvette Guilbert ihre Schwester war, war ihr Bruder in Apoll Heinrich Zille.

PETER SACHSE

Sie war eine wahre Volkshumoristin. Sie sang und sprach fürs Volk, sie wurde vom Volk verstanden und umjubelt. Sie war das Volk von Berlin.

WILLI SCHAEFFERS

124

Das Repertoire der Claire Waldoff

Abends vor der Türe (Ludwig Mendelssohn)

Aber ärgern über Männer, nee, das tu ich nicht (M: Wilhelm Aletter)

Aber mein muß er sein, janz allein (M: Helmund, T: Meyer)

Ach Jott, was sind die Männer dumm (M: Walter Kollo, T: Rideamus/Herman Haller)

Ach, ein Mädchen macht sich nichts daraus (M: Rudolf Meinhard, T: Ludwig Mendelssohn)

Ach, wie ich die Lena liebe (M: Anton Profes)

Adolf (M+T: Theobald Tiger)

Alleen, janz alleen (M+T: Ludwig Mendelssohn)

Alles kommt im Leben einmal wieder (M: Claire Waldoff, T: Alfons Hayduk)

Alle spielen Blindekuh (T: Alice Ekert-Rotholz)

An de Panke, an de Wuhle, an de Spree (M: Hans May, T: Hans Brennert)

Argentinisch (M: Ehrlich, T: Alexander Tyrkowski)

Auf der Banke an der Panke (M: Walter Kollo, T: Herman Haller/Willi Wolff)

August, reg dir bloß nich uff (M+T: unbek.)

Ausgerechnet Bananen (M: Irving Cohn, T: Frank Silver/Beda)

Ballade von der Jungfrau Cordula (M+T: Kurt Baumeister)

Bauer und Soubrette (M: Zirmni)

Bei mir da hängste überm Bett (M: Alex Stone, Walter Borchert, T: A.Stone/Friedrich Schwarz)

Berlin, ich kenn dich nicht mehr wieder (M: Rudolf Nelson, T: Willy Prager)

Berlin, dich muß ich ewig lieben (M+T: unbek.)

Berlin, so siehste aus (Siegfried Niklas-Kempner)

Berliner Autolied (M: Sigismund Witt, T: Heide Sachs)

Berliner Bummellied (M+T: unbek.)

Berliner Margueritenkranz (M+T: Theobald Tiger)

Berliner sein genügt (Een Tröppken aus de Panke), (M: Hans May, T: Hans Brennert)

Berliner Tempo (M: Friedrich Hollaender, T: Walter Mehring)

Berliner Wiegenlied (M: Claus Clauberg, T: Frank Günther)

Berolina (T: Theobald Tiger)

Bleib'n Se auf'n Teppich (M+T: unbek.)

Boxermaxe (M: Paul Strasser, T: Erich Kersten)

Brief an die Mutter (M: Ludwig Schüller, T: Erich Kersten)

Brigitte B. (M+T: Frank Wedekind)

Burlala (trad.)

Da gehn wir hin, denn es ist Mai (M: Jean Gilbert, T: Rudolf Presber/Leo Stein)

Da geht mir der Hut hoch (M: Mac Rauls,T: Erich Kersten)

Da kann kein Kaiser und kein König was bei machen (M+T: Claire Waldoff)

Dann bist du jung, dann bist du alt (M+T: Erich Kersten)

Dann hat Reserve Ruh (M+T: Konrad Scherber)

Dann wackelt die Wand (M: Mac Rauls, T: Erich Kersten)

Das alte Vertiko (T: Theobald Tiger)

Das Dirndlkleid (M+T: Willy Prager)

Das Dirndl-Lied (M: Rudolf Nelson, T: Theobald Tiger)

Das Gänschen (M+T: Bruno Granichstaedten)

Das ist nichts für unsere Großmama (M+T: unbek.)

Das kann nur ein Schwips sein (M: Rudolf Nelson, T: Fritz Grünbaum)

Das Lied vom Avec (Hugo Leonhard)

Das Lied vom Jagdschein (M+T: Theobald Tiger)

Das Lied vom kleinen Kadett (M: Siegfried Niklas-Kempner, T: Eddy Beuth)

Das Lied vom Vater Zille (Das war sein Milljöh) (M: Willi Kollo, T: Willi Kollo/Hans Pflanzer)

Das Lied von der Kreatur (M: J. Rosenberg, T: Curt Peiser)

Das Lied von der lieben, neidischen Nachbarin (M+T: unbek.)

Das Lied von meinem Kleenen (M+T: Ludwig Mendelssohn)

Das moderne Mädel (M: Claire Waldoff, T: Erich Kersten)

Das noble Berlin (M: Georg Mewes, T: Harry Senger)

Das rote Kleid (M: Rudolf Nelson, T: Fritz Grünbaum)

Das Schmackeduzchen (M: Walter Kollo, T: Hermann Frey)

Das Varieté (M: Rudolf Nelson, T: Claire Waldoff)

Da wackelt die Wand (M+T: unbek.)

Der alte Faun (M: Friedrich Hollaender)

Der Einbruch bei Tante Klara (M: Käthe Hyan, T: Hans Hyan)

Der Frosch (M: Martin Knopf, T: Eddy Beuth)

Der Gassenhauer (M+T: Theobald Tiger)

Der grüne Aal (T: Heide Sachs)

Der Jungfrauen-Verein von Ixenthal (M+T: Walter Mendelssohn)

Der kleine Herr Steppke (M: Claus Clauberg, T: Erich Kersten)

Der Klugschieter (M: Claus Clauberg, T: Erich Kersten)

Der Korporal (trad.)

Der olle Leiermann (M+T: Walter Mendelssohn)

Der Schlips im Kohlenkasten (T: Charlie Roellinghoff)

Der Soldate (M: Walter Kollo, T: Herman Haller/Willi Wolff)

Det muß man jarnich ignorieren (M: Paul Strasser, T: Erich Kersten)

Det Scheenste sind die Beenekens (M: Walter Kollo, T: Claire Waldoff)

Die alte Kuchenfrau (T: Kurt Baumeister)

Die Ballade vom allzufleißigen Berliner (M: Claus Clauberg, T: Erich Kersten)

Die Ballade vom linken Been (M: Otto Stransky, T: Leo Hirsch)

Die Berliner Pflanze (M: Otto Erich Lindner, T: Alexander Tyrkowski)

Die Chance von der Rennbahn (M: Claire Waldoff, T: Kurt Steinfeld)

Die Direktrice (M: Claus Clauberg, T: Felix Josky)

Die Flundern, die werden sich wundern (M: Walter Kollo, T: Leo Leipziger)

Die Großstadtpflanze (M+T: Erich Einegg)

Die Herren Männer (M: Friedrich Hollaender, T: Theobald Tiger)

Die Kartenlegerin (M: Paul Strasser, T: Heide Sachs)

Die Käse-Else (M: Hans May,T: Hans Brennert)

Die Laubenkolonie (M+T: Ludwig Mendelssohn)

Die Liebe hat mit Klugheit nichts zu schaffen (M: Eduard Künneke, T: Rideamus)

Die Mädels von Java (Henry Richards)

Die praktische Berlinerin (M+T: Friedrich Hollaender)

Die Radpartie (M+T: Helmut Markiewicz)

Die Rose und der Falter (M+T: trad.)

Die Sonntagskluft (M: Ernst Leibholz, T: Lisa Simonis)

Die Tante is nich meine Tante (M: Paul Strasser, T: Julian Arendt)

Die Tausend-Kronen-Note (Harry Waldau)

Die Tugend ist 'ne sonderbare Tugend (M: Eduard Künneke, T: Rideamus/Herman Haller)

Die Unschuld vom Lande (M: Karl Kapeller, T: Paul Lindau)

Die unzufried'ne Ehefrau (M: Claus Clauberg, T: H.L.Rumpf)

Die Zwiebelkur (M: Claus Clauberg, T: Kurt Steinfeld)

Dornröschen aus'm Wedding (M: Friedrich Hollaender, T: Hermann Vallentin)

Dösköppe haben heut keinen Platz, lieber Schatz (M+T: Walter Mendelssohn)

Drum trinken wir noch eins (M+T: Willi Kollo)

Du mein Berlin (M: Georg Mewes, T: Harry Senger)

Eh du, mon Dieu, mon Dieu (M+T: Frank Wedekind)

Ein Meter zwanzig vom Autobus 2 (M: Otto Stransky, T: Otto Stransky, Karl Brüll)

Einmal geht jeder Sturm vorbei (M: Marcel Boissier, T: Harry Kornblum)

Einmal lebt man nur (M: Wismar Rosendahl, T: Hermann Frey)

Emil (M: Otto Stransky, T: Areuß-Bennefeldt)

Emil seine Hände (M+T: Per Günther)

Emilie vom Kurfürstendamm (M: Otto Stransky, T: Julian Arendt)

Er ist nach mir ganz doll (M: Carl Hötzel, T: Georg Wallis)

Er ist nach mir verrückt (M: Max Kluck, T: Ludwig Mendelssohn)

Er jeht mit se (M+T: Walter Mendelssohn)

Er stand beim Train (Die Tante aus Hamburg) (M+T: Heinrich Lautensack)

Erinnerungen an meinen Hermann (M: Claus Clauberg, T: Erich Kersten)

Erna geht mit Max 'n bißken segeln (M+T: Ernst Kaufmann)

Erst hat er »Sie« gesagt (M+T: Willy Prager)
Es gibt nur ein Berlin (M: Willi Kollo, T: Willi Kollo, Hans Pflanzer)
Es hat doch jeder seine eig'ne Note (Fritz Loewe)
Es ist nicht grade angenehm (M+T: Jobst Haslinde)
Es wird in hundert Jahren wieder so ein Frühling sein (M: Nico
       Dostal, T: Robert Gilbert)

Familie Gänseklein (M: Erich Einegg, T: Erich Kersten)
Fang nie was mit Verwandschaft an (M: Rudolf Nelson, T: Theobald
       Tiger)
Fern der Heimat (M+T: trad.)
For mir (M+T: Harry Senger)
Frau Kulickes Ermahnungen an ihre Tochter Hulda (T: unbek.)
Fräulein, woll'n Sie nicht mit mir nach Hause gehn? (M+T: Willy
       Prager)
Fritze, kehr zurück (M: Walter Kollo,T: Henry Bender)
Fritze Bollmann wollte angeln (M+T: trad.)

Gespräch mit meiner Freundin Marie (M: Ernst Leibholz, T: Lisa
       Simonis)
Gleichet nicht den Fröschen (M+T: Wilhelm Lindemann)
Gotthold Bemmchens Abenteuer (M: Robert Stolz, T: unbek.)
Grad so wie du (M: Eduard Künneke, T: Rideamus/Herman Haller)
Groschenlied (M+T: Friedrich Hollaender)
Gruß an unsere Heimat (M: Werner Schütte, T: Erich Kersten)
Guido vom Lido (M: Sigismund Witt, T: Willy Hagen)
Gustav mit'm Simili (M: O.B. Roeser, T: Harry Senger)

Haben wir det nötig? (M: Wismar Rosendahl, T: Erich Kersten)
Hallelujah (M+T: Willi Kollo)
Halt dich fest, daß du die Balance nicht verlierst (M: Robert Stolz, T:
       Alfred Grünwald/Leo Stein)
Hannelore (M: Horst Platen, T: Willy Hagen)
Happy End (Na, und denn...) (M: Claus Clauberg, T: Theobald Tiger)
Hätt Franz doch bloß keen Freund man nich (M+T:Ludwig
       Mendelssohn)

Hättste det von Ferdinand jedacht? (M: Marc Rauls, T: Willy Hagen)

Hei, Shimmy, so klingt es (M: Eduard Künneke, T: unbek.)

Heinrich heeßt er (Zille-Lied) (M: Ludwig Mendelssohn, T: Claire Waldoff)

Hermann heeßt er (M+T: Ludwig Mendelssohn)

Herrgott, schütz mir vor die Liebe (M: Erich Ziegler, T: Hans Pflanzer)

Herr Meyer, Herr Meyer, wo bleibt denn nur mein Reiher (M: Jean Gilbert, T: Leo Leipziger)

Hier sitz ich auf Rasen (M+T: trad.)

Hier wird nich jedrängelt (Fritz Loewe)

Ich bin ja nicht schön, aber frech (M: Rudolf Nelson, T: Willy Prager)

Ich bin nicht für die Treue gemacht (M: Irving Caesar, T: Robert Gilbert)

Ich brauch 'nen Mann (M: Eduard Künneke, T: unbek.)

Ich gehe meinen Schlendrian (M+T: trad.)

Ich hab so'n Krach mit meinem Mann (M: Claus Clauberg, T: Felix Josky)

Ich kann um zehne nicht nach Hause gehn (M: Claus Clauberg, T: Erich Kersten)

Ich rolle Punkt (M: Sigismund Witt, T: Heide Sachs)

Ich sag nicht Ja, ich sag nicht Nein (M: Hugo Hirsch, T:Alfred Berg/Paul Fago)

Ich seh's an deiner Miene (M+T: unbek.)

Ick fühl, det ick wat Feines bin (M+T: Willy Pager)

Ick war uff alles jefaßt (Ludwig Mendelssohn)

Im grünen Klee (M: Hermann Leopoldi, T: Beda)

Immer ran an'n Speck (M+T: Walter Mendelssohn)

Im Nußbaum, links vom Molkenmarkt (M: Hans May, T: Hans Brennert)

In Berlin auf dem Kurfürstendamm (Willy Prager)

In Tegel gibt's lock're Vögel (M: Franz Schmidt-Hagen, T: Hermann Frey)

In Weißensee träumt eine alte Pappel (M: Wismar Rosendahl, T: Hermann Frey)

Is et nich so? (M+T: unbek.)

Ja, die Liebe hat ihre Launen (Rudolf Nelson)
Jedes Mädel kriegt mal einen (M: Paul Hühn, T: Alfred Berg)
Jetzt ist's zu Ende mit der Schießerei (Emil Hartmann)
Jonny (M+T: Friedrich Hollaender)
Josef, ach Josef, was bist du so keusch (M: Leo Fall, T: Rudolf
    Schanzer/Ernst Welisch)
Jottlieb Neumann (M+T: Ludwig Mendelssohn)
Juni, Juli und August, schwindet jede Liebeslust (M+T: Willy Prager)
Junkel-Funkel (M: Wismar Rosendahl, T: Hermann Frey)

Kamerad, komm mit (M+T: unbek.)
Kann ich dafür? (M+T: Jobst Haslinde)
Kannste mir denn noch'n bißchen leiden? (M+T: Wismar Rosendahl)
Klärchen aus dem Gartenhaus (M+T: Harry Senger)
Knoll, der Trommler (M: Wilhelm Lindemann, T: Kurt Baumeister)
Knoll, jawoll (M: Wilhelm Lindemann, T: Kurt Baumeister)
Komm, hilf mir mal die Rolle drehn (M: Walter Kollo, T: Hermann
    Frey)
Komm mein Schatz, wir trinken ein Likörchen (M+T: Paul Preil)
Komm mit mir, Karoline (M+T: Willy Prager)
Krause ist ein lieber Junge (M+T: Ralph Benatzky)
Kremserlied (M+T: Willi Kollo)
Kriegslied eines Tertianers (M+T: Ludwig Mendelssohn)
Kuno, der Weiberfeind (M: Rudolf Nelson, T: Fritz Grünbaum)
Kußlehre (M+T: Jobst Haslinde)

Lieber Leierkastenmann (M+T: Willi Kollo)
Lied der Harfenjule (M: Paul Strasser, T: Walter Mendelssohn)
Lied der Pompadour (M: Leo Fall, T: Rudolf Schanzer/Ernst Welisch)
Lied der Portokasse (M+T: Hermann Schultze-Buch)
Lulu unterwegs nach der Barnimstraße (M: Claus Clauberg, T: Kurt
    Steinfeld)

Mach keen Meckmeck (M: Mac Rauls, T: Erich Kersten)

Mädel, komm mit (M: Oscar Jascha, T: F. Kahn)

Mädel, kriegst du keinen Mann (M: Friedrich Bermann, T: Hans
Brennert)

Mädel, schau die Sommernacht (M: Jean Gilbert, T: Rudolf
Presber/Leo Stein)

Mädel, wenn böse Buben locken (M: Siegwart Ehrlich, T: Alfredy)

Man ist nur einmal jung (M: Richard Fall, T: Rudolf Bernauer)

Man kann auch treu sein (M+T: Arthur Rebner)

Mariechen saß weinend im Garten (M+T: trad.)

Marutschka (M+T: unbek.)

Maskenball im Ziegenstall (Walter Kollo)

Max, nimm dir doch den Schnurrbart ab (M+T: Richard Hirsch)

Maxe von der schweren Artillerie (Leander)

Mein Justav (M: Jean Gilbert, T: Walter Turszinsky)

Mein kleines Wonnepröppchen (Walter Mendelssohn)

Mein Maxe (M+T: Fritz Fischer)

Mein Maxe (M+T: Walter Mendelssohn)

Mein Paulchen ist weg (M: Otto Stransky, T: Felix Josky)

Mein Schorsche mit der Forsche (M+T: Emil Hartmann)

Mein Yo-Yo (M+T: Erich Kersten)

Meine Base liest die Basler Nationale (M+T: unbek.)

Meine kleine Villa (M+T: Helmut Markiewicz)

Meine schwache Seite (M: Claus Clauberg, T: Erich Kersten)

Mensch, dir hängt ja 'n Zippel raus (M+T: Hermann Schultze-Buch)

Mensch, heerst du den Jrammophong (M: Hans May, T: Hans
Brennert)

Mensch, komm mal rüber (Harry Waldau)

Mensch, lach doch! (M+T: Walter Mendelssohn)

Menschliches – Allzumenschliches (M: Claus Clauberg, T: Erich
Kersten)

Mich hat ein fremder Mann geküßt in der Nacht (M: Marbot, T:
Elow)

Minna muß zum Film (M: Otto Stransky, T: Felix Josky)

Mir hab'n se de Gurke vom Schnitzel weggemopst (M: O.B. Roeser, T:
Harry Senger)

Mir ist schon wieder so, ick weeß nich wie (M: Henry Kassbon, T: Erich Kersten)

Mir ist so trübe (M+T: trad.)

Mitten in der Nacht (M: Harry Hauptmann, T: Erich Franz Glaser)

Morgens willste nicht und abends kannste nicht (M+T: Emil Hartmann)

Moritat (M+T: Ludwig Mendelssohn)

Muckepicke (M: Otto Stransky, T: Heide Sachs)

Mutterns Hände (M: Claus Clauberg, T: Theobald Tiger)

Na dann laß es dir mal jut bekommen (M: Walter Kollo, T: Emil Hartmann)

Na, nun geht es schon wieder so'n bißken (M: Walter Kollo, T: Rideamus)

Nach meine Beene is ja janz Berlin verrückt (M: Walter Kollo , T: F.W. Hardt)

Ne dufte Stadt ist mein Berlin (M: Walter Kollo, T: F.W. Hardt)

Nichts als Knochen (M: Rudolf Nelson, T: Fritz Grünbaum)

Nu schön, da haben wir eben Pech gehabt (M: Werner Schütte, T: Erich Kersten)

Nur ein kleiner Schwips (M: Byron/Gay, T: Otto Stransky/Fritz Rotter)

Nutt, nutt, nutt, ist die Walze ooch kaputt (M+T: Walter Mendelssohn)

O Marianka! Komm auf die Banka (Ernö Geiger)

Ohne Licht (M: Siegwart Ehrlich, T: Hans Pflanzer)

Piefke in Paris (M+T: Ralph Benatzky)

Püppchen Liese (Elit Worsing)

Raus mit den Männern aus dem Reichstag (M+T: Friedrich Hollaender)

Sabinchen war ein Frauenzimmer (M+T: trad.)

Sag mir wann (M+T: Willi Weill)

Schatz, ach Schatz, schenk mir 'ne Kleinigkeit (M+T: Max Bertuch)
Schiebermaxe (M: Walter Kollo, T: Hermann Frey)
Schlaflied für Molleken (M: Claus Clauberg, T: Frank Günther)
Schlesisches Soldatenlied (M+T: Willy Prager)
Schnupp-Quadrat (M+T: Wilhelm Lindemann)
Schulzens Tochter (M+T: Ludwig Mendelssohn)
Seemanns Abschiedslied (M+T: unbek.)
Sie geben ja heute wieder reichlich an, mein Herr (M+T: unbek.)
's ist janz ejal (M+T: Maurice Yvain)
' wird schon wieder Morgen werden (M: Jolsen/Conrad, T: de Sylva)
So denkt im Frühling die Berlinerin (M+T: Hermann Schultze-Buch)
So ein Kamel (M: Paul Pallot, T: Fritz Grünbaum)
Solange die Hose am Kronleuchter hängt (M+T: Willi Kollo)
Soldatenlied (M: Walter Kollo, T: Rideamus)

Tratsch im Treppenflur (T: Mascha Kaléko)
Tutankhamen-Shimmy (Jara Benes)

Und wieder stand ich Wache (M+T: trad.)
Und willst du nicht die meine sein, na schön, dann nicht (M: Robert
    Stolz, T: unbek.)
Unsere Minna (M: Claus Clauberg, T: Erich Kersten)
Unsre Havel ist unser Rhein (M: Paul Strasser, T: Harry Kornblum)

Verliebt, verlobt, verheirat' (M: A.M.Werau, T: Hans Pflanzer)
Verwandlungen (M: Claus Clauberg, T: Erich Kersten)
Vier Stationen (M+T: Erich Einegg)

Waldemar-Mieze-Duett (M: Jean Gilbert, T: Walter Turszinsky)
Warum haste mir denn bloß jeheirat? (M: Claus Clauberg, T: H.L.
    Rumpf)
Warum kiekste mir denn immer uff de Beene (M+T: Harry Waldau)
Warum kommste denn schon wieder mal so spät, Marie? (M: Hugo
    Hirsch, T: Willy Hagen)
Warum liebt der Wladimir grade mir? (M: Hans May, T: Robert
    Gilbert)

Warum soll er nicht mit ihr (M+T: Walter Mendelssohn)

Warum sitzt de denn so traurig auf de Banke? (M: Walter Kollo, T: Willi Wolff)

Warum willst du mich denn ganz verlassen? (M+T: Helmut Markiewicz)

Was braucht der Berliner, um glücklich zu sein? (M: Fritz Paul, T: Werner Hassenstein)

Was hat man eigentlich von seiner Liebe? (M: Claus Clauberg, T: Werner Hassenstein)

Was liegt bei Lehmann unterm Apfelbaum (M: Walter Kollo, T: A.O. Alberts)

Was meinste Mensch, wie man sich täuschen kann (M: Gutkind, T: Willy Hagen)

Was nützt denn den Mädchen die Liebe (M: Walter Kollo, T: Rideamus)

Was nützt mir der schönste Grunewaldsee (M: Fritz Loewe, T: Robert Gilbert)

Wat hängt bei de Leute an de Wand (M+T: Claus Clauberg)

Wat kiekste mir denn immer in die Bluse? (M: Hugo Hirsch, T: Alfred Berg)

Wegen dir hab ick meine jute Stellung bei Tietz uffjejeben (M+T: Erich Einegg)

Wegen Emil seine unanständje Lust (M: Paul Strasser, T: Julian Arendt)

Weine nicht, mein Liebling, weine nicht (M: Arthur Rebner, T: Arthur Rebner/Richard Rillo)

Wenn der Bräutigam mit der Braut so mang die Wälder geht (M: Walter Kollo , T: F.W. Hardt)

Wenn die kleinen Mädchen nah an Sechzehn (M: Theo Körner, T: Willy Prager)

Wenn die Soldaten durch die Stadt marschieren (M+T: J.F. Rollers)

Wenn du nicht kannst, laß mich mal (M: Theo A.Körner, T: Fritz Grünbaum)

Wenn du schlau bist (Wilhelm Aletter)

Wenn Evelyne nur die Achsel zuckt (Otto Stransky)

Wenn ich dich seh, dann muß ich weinen (A.M. Werau)

Wenn ick mir so in den Trimoh bekieke (M: Walter Kollo, T: Rideamus)

Wenn man allein ist (M: Hugo Hirsch)

Wenn Willi Püppchen zu mir sagt (M+T: Helmut Markiewicz)

Wenn wir Mädchen jung sind, gehn die Männer ran (M+T: Marcel Boissier)

Wenn zwei verliebt sind, soll man sie nicht stören (M: Julian Fuhs, T: Willy Prager)

Wenn't duster is in Friedrichshain (M+T: Walter Mendelssohn)

Wer schmeißt denn da mit Lehm ? (M: Claire Waldoff, T: Claire Waldoff/Paul Ortmann)

Wer wird denn weinen, wenn man auseinandergeht (M: Hugo Hirsch, T: Arthur Rebner)

Werderlied (M: Erwin Strauß, T: Käthe Huldschinsky)

Wie denkste dir denn det nu mit uns beiden? (M: Edmund Nick, T: Gertrud Renner)

Wie wohl ist mir am Wochenend (M: A.M. Werau, T: Hans Pflanzer)

Wir woll'n den Gram in Sekt ertränken (M: Eduard Künneke, T: Rideamus)

Witwe Meyer (M+T: Walter Mendelssohn)

Wozu hat der Soldat eine Braut? (M: Walter Bromme)

Zeppeline (M: Rudolf Nelson, T: A.O. Alberts)

Zippel-Polka (M+T: Hermann Schultze-Buch)

Zur Frühlingszeit (M: Eduard Künneke, T: Rideamus/Herman Haller)

Zeittafel

1884 CW wird am 21. Oktober als Tochter des Ex-Bergmanns und Kneipiers Wilhelm Wortmann und seiner Ehefrau Clementine, geb. Hiltrop, in Gelsenkirchen geboren. Clara Wortmann ist, nach eigenem Bekunden, das elfte von insgesamt 16 Kindern.

1896 Die 12jährige geht nach Hannover, um dort das Mädchengymnasium zu besuchen.

1903 Pläne, ein Medizinstudium zu beginnen, zerschlagen sich. Clara Wortmann nimmt den Künstlernamen Claire Waldoff an und beschließt, Schauspielerin zu werden. Erstes Engagement als »Naive und jugendliche Liebhaberin« am »Fürstlichen Sommertheater« in Pyrmont. Erste Bravourrolle: ein Dienstmädchen in »Dr. Klaus«. Als das Engagement endet, nimmt sie in Kappeln an der Schlei eine Stellung als Hoteldame an.

1904 Engagement ans »Interimstheater« in Kattowitz. Sie spielt Schwänke, Operetten und Schauspiel-Dramen, darunter das Rautendelein in »Die versunkene Glocke« und die Titelrolle in »Hanneles Himmelfahrt« von Gerhart Hauptmann.

1906 CW schließt sich sich einem Wandertheater an. Reise nach Berlin. CW findet ein Engagement an Olga Wohlbrücks »Figaro-Theater«, wo sie mit Scheerbart-Einaktern bald erste Erfolge feiert.

1907 Die Kritiker Alfred Kerr und Ferdinand Hardekopf werden auf die junge Schauspielerin des »Figaro-Theaters« aufmerksam. Auftritte im »Neuen Schauspielhaus« am Nollendorfplatz in der Posse »Hopfenrats Erben«. Sensationelles Kabarett-Debüt in Schneider-Dunckers »Roland von Berlin«. Ihr »Schmackeduzchen«-Lied ist in aller Munde, die Waldoff wird zum »Stern von Berlin«.

1908 Rudolf Nelson engagiert sie an sein Berliner Kabarett »Chat noir«.

1909 Erste Stummfilmarbeit: »Strampels Mieze«.

1910 CW spielt im Hamburger »Theater an der Alster« den Schüler Kohn in dem von Egon Friedell und Alfred Polgar verfaßten

Kabarett-Sketch »Goethe im Examen«; ihr Partner in der Maske des prüfungsschwachen Goethe ist Co-Autor Friedell selbst (»Berliner Nachtigall und Wiener Kobold«). In Berlin tritt die Waldoff nun abwechselnd im »Linden-Cabaret« und im »Chat noir« auf. Erste Schallplattenaufnahmen (»Det Scheenste sind die Beenekens«, »Kuno, der Weiberfeind«).

1911 Auftritte in diversen Berliner Kabaretts, darunter im »Passage-Theater« und im »Linden-Cabaret«.

1913 Auftritt im »Wintergarten«. Reise nach England zu einem Zwei-monatsgastspiel im Londoner »Empire«. Im Berliner »Linden-Cabaret« kreiert die Waldoff ihr späteres Erkennungs-Lied »Hermann heeßt er«.

1914 CW spielt die Portiersfrau in Walter Kollos vaterländischer Posse »Immer feste druff« im Berliner «Theater am Nollendorf-platz« und die Kantinenwirtin in Jean Gilberts Durchhalte-Revue »Woran wir denken« am Berliner »Metropol-Theater«. Ihre Bühnenpartner sind die Metropol-Stars Fritzi Massary und Guido Thielscher.

1917 CW spielt den Stalljungen August in der Jean Gilbert-Operette »Die Dose Seiner Majestät« in der »Komischen Oper« und die »Auguste« in der Walter Kollo-Operette »Drei alte Schachteln«, die Anfang Oktober im Berliner »Nollendorf-Theater« zur Uraufführung kommt. Das Erfolgsstück mit dem Waldoff-Hit »Ach Jott, was sind die Männer dumm« erreicht mehr als tausend Aufführungen.

1918 Mit einem Kabarett-Ensemble auf Gastspielreise durch Deutschland; man spielt in Dresden, Leipzig, Köln, Königsberg, Hamburg, Hannover, Stuttgart und Frankfurt am Main.

1919 Die Waldoff spielt in der Eduard Künneke-Operette »Der Vielgeliebte«, die am Berliner »Nollendorf-Theater« zur Uraufführung kommt.

1920 Rolle der Nella in der Künneke-Operette »Wenn Liebe erwacht«, die im »Nollendorf-Theater«, Berlin, erstaufgeführt wird.

1921 Mitwirkung in der Künneke-Operette »Die Ehe im Kreise«, die im November am Berliner »Nollendorf-Theater« zur Uraufführung kommt.

1922 CW wird vom »Berliner Theater« für die Rolle der Zofe Belotte
in Leo Falls Operette »Madame Pompadour« engagiert. Als
Fritzi Massary, die die Titelrolle spielt, das von der Waldoff und
Ralph Arthur Roberts kreierte Duett »Josef, ach Josef« für sich
reklamiert, steigt CW aus.

1923 Beteiligung an Karl Wilczynskis erstem deutschen Radio-Kaba-
rett. Ihre Partner sind Trude Hesterberg und Klabund.

1924 Paris-Reise. Begegnung mit der Mistinguett, dem Star der
»Folies Bergère«. Zurück in Berlin, wirkt die Waldoff neben
Josephine Dora, Cordy Millowitsch, Margo Lion und Wilhelm
Bendow in Erik Charells großer Ausstattungs-Revue »An Alle«
mit, die ab Oktober im »Großen Schauspielhaus« gespielt wird.
CW singt »Warum soll er nicht mit ihr«.

1925 Mitwirkung als »Pyjamajule« in Hans Brennerts Singspiel »Hofball bei Zille oder Mein Milljöh«, das im März im »Großen
Schauspielhaus« gespielt wird.

1926 Begegnung mit Yvette Guilbert. Auftritte im Berliner »Kabarett
der Komiker«. Im September spielt CW neben Wilhelm Bendow, Hans Wassmann, Curt Bois und Marlene Dietrich in der
Charell-Revue »Von Mund zu Mund« im »Großen Schauspielhaus«; CW hebt Hollaenders »Raus mit den Männern aus dem
Reichstag!« aus der Taufe.

1927 CW spielt den »Stalljungen August« in Jean Gilberts Operette
»Die Dose Ihrer Majestät« in der »Komischen Oper«. Zahlrei-
che Berliner Solo-Auftritte, darunter im »Wintergarten«, im
»Charlott-Kasino« und im »Kabarett der Komiker«. Stummfilm
»Der Jüngling aus der Konfektion«.

1929 September-Gastspiel in der Berliner »Plaza« vor 3000 Zuschau-
ern.

1930 »Scala«-Revue mit Wilhelm Bendow. Die Waldoff wird vom
»Acht-Uhr-Abendblatt« mit dem »Ehrenring für die beste Ka-
barettistik« ausgezeichnet.

1931 Gastspiel an den »Kaiserhof«-Betrieben in Köln und im Hamburger »Varieté Vaterland«; Auftritt in der Berliner »Scala«.

1932 Auftritte in der Berliner »Femina«, in der »Scala« und bei Willi
Schaeffers im »Kabarett für Alle«. Daneben nimmt die Waldoff

in Berlin an mehreren Wohltätigkeitsveranstaltungen teil: Im Frühjahr tritt sie in der »Femina« in einem »Mittagskabarett« für Arbeitslose auf, Ende Oktober beteiligt sie sich neben Max Ehrlich, Werner Finck, Paul Graetz, Rosa Valetti, Otto Wallburg, Alexander Granach und Erich Weinert an einer »Matinee der Prominenten« des »Wintergarten« zugunsten einer »Freitisch-Aktion« für hungernde Kinder.

1933 Gastspiel in London, sie singt ihr Repertoire in englischer Sprache.

1934 Deutschland-Tournee.

1935 Auftritt im Konzerthaus »Bellevue« und in der Hamburger »Flora«. Die Auslandspresse meldet Claire Waldoffs Selbstmord. Berliner »Scala«-Auftritt (»Claire heest se!«). »Scala«-Direktor Duisberg überreicht ihr ein Ehrengeschenk – ein goldenes Medaillon mit Brillanten. Auftritte im Berliner »Europa-Pavillon«.

1936 Auftritt mit Kabarett-Sketchen und Liedern in der Berliner »Scala«. CW spielt ein Hausmädchen in Walter Kollos Schwank »Die wilde Auguste«, der in der Hamburger »Volksoper« zur Aufführung kommt. Im Berliner »Wallner-Theater« spielt sie Walter Kollos »Drei alte Schachteln«.

1937 Gastspielreise durchs Ruhrgebiet; Auftritte in Stuttgart, Dresden, Leipzig, Frankfurt am Main, Breslau und Berlin.

1938 Januar: Auftritt in der »Scala«-Revue »Etwas verrückt«, ihr Sketch-Partner ist Wilhelm Bendow. Als Zugabe bringt sie ihr Erkennungslied »Hermann heeßt er«.

1939 Mitwirkung in der Revue »Es geht nicht ohne Liebe« im »Kabarett der Komiker«. Neuaufnahme von Kollos »Wilder Auguste« am Berliner »Rose-Theater«. CW verlegt ihren Wohnsitz nach Bayrisch-Gmain bei Bad Reichenhall.

1940 Gastspiel im Frankfurter »Schumann-Theater«, Auftritte in Bremen, Dresden, Gera und im »Café Berolina« am Berliner Alexanderplatz.

1941 Gastspiel im Berliner »Wintergarten« und »Berolina«. Nur vereinzelte Auftritte auf der Bühne und im Rundfunk (»Wehrmachts-Wunschkonzert«, »Schaeffersstündchen«).

1942 Auftritte in Magdeburg, Hannover, Frankfurt, Braunschweig und

Berlin. Das Berliner »Kabarett der Komiker« ernennt sie neben Charlie Rivel und Paul Lincke zum Ehrenmitglied.

1943 Engagements in Berlin, Hamburg und Breslau. CW singt für verwundete Soldaten in Reichenhaller Lazaretten. Ihre Berliner Wohnung wird durch Bombenangriffe total zerstört.

1945 CW erlebt das Ende des Zweiten Weltkrieges in ihrer bayerischen Wahlheimat. In den ersten Nachkriegsjahren hat sie nur vereinzelte Auftritte in Süddeutschland.

1946 Auftritt im Münchner »Bunten Würfel«.

1947 Auftritt im Hamburger »Kabarett der Komiker«.

1950 Wieder in Berlin: Auftritte im Neuköllner »Primuspalast« an der Hasenheide, im »Titania-Palast«. In München kürt sie Hellmuth Krüger im Kabarett »Bei Kroll« zur »Friedensnobelpreißin«. Im November letzter Auftritt im Paderborner »Residenz-Theater«.

1951 CW beginnt mit der Niederschrift ihrer Erinnerungen »Weeste noch...?«

1957 Claire Waldoff stirbt am 22. Januar in Bad Reichenhall. Sie wird auf dem Prag-Friedhof in Stuttgart begraben.

Register

143

Volker Kühn

Spötterdämmerung

Vom langen Sterben des großen kleinen Friedrich Hollaender

176 Seiten; 97 Abb.; geb. mit Schutzumschlag; 15 x 21 cm

38,– DM

ISBN 3-932529-00-6

Friedrich Hollaender, Komponist und Textdichter, Schauspieler und Kabarettist, Regisseur und Theaterleiter, Schrift-
steller und Pianist in einer Person, hat wie kein zweiter die
lebendige Populärkultur der zwanziger und dreißiger Jahre
geprägt und auch auf spätere Entwicklungen wesentlichen
Einfluß genommen. Im aufgezwungenen Exil schrieb er die
Musik zu rund 200 Hollywood-Filmen, bevor er in den fünf-
ziger Jahren nach München zurückkehrte. Er spielte dem Chaos
auf, half es literarisch benennen, ergriff Partei, ließ Mahnungen
los, stieß Warnungen aus, stellte sich gegen die Zeit.
Volker Kühn zeichnet die Lebensgeschichte dieses heiter-
melancholischen Multitalents der leichten Muse nach, den
Charlie Chaplin einmal den »großen kleinen Friedrich«
genannt hat.

»Er ist ein Pessimist mit optimistischen Vorzeichen. Ein
lachender Melancholiker, der mit diesen beiden Stimmungen in
ewigem Zwiespalt liegt. Auch seine Melodien pendeln immer
zwischen Dur und Moll und können sich nicht entscheiden.

(Hollaender über Hollaender)